www.united-pc.eu

Caroline Prato

Die Reise und das Ende des Seins

Erzählung

Ina legte den Brief behutsam, als wäre er ein zerbrechliches Geschenk, in die rechte, obere Schublade des Ladenkorpus zurück. Und ehe sie diese wieder schloss, strich sie sachte über das Couvert: einmal, zweimal, gerade so, als würden ihre Finger über das Fell einer Katze gleiten. Dort, in der Lade, hätte sie den Brief schnell wieder griffbereit.

Den Brief hatte sie vor einer Woche erhalten. Er hatte in einem beigefarbenen Briefcouvert aus guter Qualität gesteckt und oben im rechten Winkel des Briefumschlags klebte eine Briefmarke in kräftigem Grün und Braun aus dem Jahr 2009. Das Wertzeichen selbst wies auf eine bekannte Organisation hin, die sich seit über hundert Jahren landesweit für den Erhalt bedrohter Fauna und Flora des Alpenlandes einsetzte. Eine Sonderbriefmarke in Kooperation mit der Nationalen Post. Der Absender hatte also den ideellen Geist der Organisation mit der Differenz zum Aufpreis unterstützt. Ihr Vor- und Familienname war ausgeschrieben, gefolgt von ihrer aktuellen Adresse.

Heute sass Ina Reich erneut über ihre Arbeit gebeugt. Sie war ganz in Schwarz gekleidet. An der engen Hose und auf dem gerippten T-Shirt klebten überall lose, blonde Haare. Mit präzisen Bewegungen befestigte sie jedes einzelne dünne Haarbündel an der engmaschigen und netzartigen Perückengrundkonstruktion. Die Perücke würde sich federleicht anfühlen. Im Ladengeschäft war es still.

Hastig strich sie sich gleichzeitig einmal mit Zeige- und Mittelfinger ihrer rechten Hand über den Nasenrücken. Das machte sie immer, wenn sie sich aufregte.

Sie erschlug die Fliege mit der linken, flachen Hand. Patsch! Der Schlag glückte. Und schon brachen sich ihre Flügel in den irisierenden Farben während des finalen Zuckens für ein letztes Mal. Auch keines ihrer sechs Beine bewegte sich mehr. Die Fliege lag auf dem Rücken. Eine Gestrandete. Eine Tote.

Schon lange hatte das lästige Insekt nur die eine Absicht gekannt, nämlich, sie im gegenseitigen Tanz eines nervenaufreibenden Fangspiels zu ärgern. Nimmermüde hatte sich das listige Tierchen stets erneut auf die Oberseite ihrer rechten Hand niedergelassen. Präzise auf die äussere Handkante. Genau dort, wo das Kitzeln unerträglich war. Gerne hätte sie diesem Blödmann von Vermieter genauso eine geklatscht!

Nach ärgerlichen Vorkommnissen, aufgrund unnötiger Schlampereien, hatte er sie letzten Endes langsam aber gänzlich in Rage gebracht. Er hielt sich nämlich, seit sie einmal in den Rückstand mit der Ladenmiete gekommen war, nur noch schlecht als recht an die vertraglichen Abmachungen. Hatte sie sich zum Beispiel heute kurz vor Mittag einen Bohnenkaffee mit der Maschine zubereiten wollen, war kein einziger Tropfen Wasser mehr aus dem Wasserhahn gekommen. Ihr hatte es sekundenschnell gedämmert. Nun hatte dieser Mensch auch noch die Dreistheit besessen, die vorletzte Rechnung beim städtischen Wasserwerk absichtlich nicht zu begleichen. Dieser Doofmann! Sie würde nicht mehr länger den Bären im Zirkus machen. Dem Treiben musste sie nun und entschieden ein Ende setzen.

Aber dem nicht genug! Heute war ein denkbar schlechter Tag gewesen. Gelbe Rosen schenkte kein Rosenkavalier. Eher ein Mann ohne Sinn für Schönheit und Geschmack, so stellte sie für sich bestimmt fest. Nun ja, der Nachbar hatte mit dieser Geste natürlich wieder Boden gutmachen wollen, wovon er sich mit seiner Aktion davor ungewollt ein Stück davon abgegraben hatte. Er hatte nämlich aus Versehen den an sie adressierten Brief geöffnet. Das konnte passieren. Weiter nichts Schlimmes. Dennoch hatten sie die Blumen geärgert. Sie mochte gelbe Rosen nicht. Sie entschloss sich deshalb, des Abends nach ihrer Rückkehr von der Arbeit, das unliebsame Geschenk einfach in die Komposttonne der Siedlung zu werfen.

Ja, genau so würde sie es machen. Sie schaute auf ihre schicke und zeitlose Armbanduhr, ein Geschenk zu ihrem achtzehnten Geburtstag. Ihr Vater hatte sie zu diesem besonderen Tag damit überrascht. Seine Wahl zeugte von Geschmack. Seit diesem Tag trug sie die Uhr an ihrem linken Handgelenk, ohne sie je wieder abzulegen. Ausser einmal, es waren ungefähr ein Jahrzehnt seither vergangen, da hatte das präzise Uhrwerk plötzlich den Dienst versagt. Die Nacht hatte es mit sich gebracht und der Tag hatte den Amok offenbart: Die Uhr schien sich nämlich über Nacht in ein Huftier verwandelt zu haben, das, um seine lebendige Haut zu retten, in die Weiten der Steppe Afrikas davonjagte. Wobei der grosse Zeiger davongaloppiert war und den kleinen Zeiger erbarmungslos hinter sich hergeschleift hatte. Die Dame der Uhrenabteilung im besseren Warenhaus beim Bahnhof der Stadt, gleich neben dem gläsernen Baldachin, hatte bei der Entgegennahme des defekten Gegenstands wissend und verständnisvoll genickt. Nach kurzer Zeit hatte das wertvolle Stück, wieder mit fabrikneuem Herzen versehen, von Neuem an Inas Handgelenk gelegen. Die Armbanduhr zeigte knapp neun Minuten vor fünf. Sie war mit der Grundausstattung der anzufertigenden Perücke gleich fertig.

Die begonnene Perücke, die unter ihren flinken Händen fachgerecht entstand, würde die zukünftige Perücke der Dame werden, die deswegen vor knapp zwei Tagen ihr Ladengeschäft betreten hatte. Deren Alter sie zwischen Mitte fünfzig bis knapp über sechzig Jahre geschätzt hatte. Es war offensichtlich gewesen, dass die Frau keine Hutträgerin war und um ein Leben nach der Krankheit kämpfte. Ina erinnerte sich, wie die Dame in papageiengelber Kurzjacke und in farblich abgestimmter, eleganter Hose den Laden betreten hatte. Darunter hatte sie ein dunkelblaues Shirt aus guter Baumwolle getragen, keinen Schmuck, dafür begleitet von einer übergrossen Tasche, gefertigt aus hellbraunem Leder. Die Tasche hatte sie sich um die linke Schulter gehängt. Abgerundet hatte die Erscheinung ein geflochtener Strohhut von guter alter Handwerkskunst mit dunkelblauem Seidenband zum Binden. Die Dame hatte leicht nervös oder verlegen gewirkt, denn sie hatte am seidenen Band ihres Huts herumgenestelt, als Ina sich von ihrer Arbeit erhoben hatte, auf die Dame zugetreten war und gegrüsst hatte.

In dieser Gemütsverfassung zeigte sich die Mehrheit der Kunden. Ina hatte Mitgefühl mit ihnen. Die meisten liessen sich zur Bekämpfung ihrer Krebserkrankung einer bangen Zeit der Chemotherapie unterziehen, gefolgt von bis dahin nie gekanntem Energieverlust und grässlichen Unpässlichkeiten. Schliesslich, gepaart von inneren Kämpfen und Widerstreben dagegen, liessen sie sich dann später doch einen Haarersatz anfertigen. Offenbar prüfte das Leben auch diese Dame mit solchem Leiden. Natürlich hofften sie alle, dem Tod nochmals zu entrinnen. Eine weitere Betroffene also, wie so viele. Zu viele eigentlich, dachte die Perückenknüpferin traurig. Doch aufgrund des besonderen Umstands und des entsprechenden Bedarfs, verhalfen sie ihr so zu ihrem eigenen Lebensunterhalt. Sie lebte sozusagen von deren Schicksal!

Ina hatte der gepflegten Dame freundlich entgegen-gelächelt und hatte sie mit folgenden Worten ange-sprochen: «Einen schönen guten Tag, wie kann ich Ihnen helfen?» Die Frau hatte sich leise geräuspert, bevor sie geantwortet hatte: «Guten Tag, ich möchte mir einen Haarersatz, also eine Vollperücke, von Ihnen anfertigen lassen. Die letzte Chemotherapie kostete mich all meine Haare. Sie wissen schon ...», hatte die Frau müde gemeint, indem sie gleichzeitig dazu eine zögerliche Handgeste Richtung ihres Hutes angedeutet hatte. Während sie gesprochen hatte, war es Ina vorgekommen, als hätte sie einen unsichtbaren Gegenstand im Hintergrund des Ladenlokals fixiert. Sie hatte ihr erst zum Ende des gesprochenen Satzes kurz, aber prüfend, in die Augen geschaut. Ina hatte zu wissen, noch besser, zu vermuten geglaubt und hatte der Frau zustimmend und verständig zugenickt. Sie wusste, dass sie den Betrof-fenen anfangs Zeit lassen musste. Dann hatte sie den Faden erneut wieder aufgenommen: «In welcher Farbe haben Sie sich Ihre zukünftige Echthaarperücke denn vorgestellt? Sie verfügen offenbar von Natur aus über einen leicht gebräunten Teint, da steht Ihnen eine breite Palette von Farben zur Auswahl.» Die Kundin mit dem schicken Strohhut und der dezenten Schleife hatte sich sichtlich entspannt und hatte erwidert: «Ich stelle mir eine blonde Echthaarvollperücke vor. Blond habe ich schon immer getragen. Daran ändert sich nichts. Eine blonde Perücke wird meinem eigenen Haar davor am ähnlichsten sehen.» Und ihre Stimme hatte nun einen Anflug von Zuversicht vermittelt. Ina hatte einen ihrer vielen Kataloge mit den Echthaarmustern hervorgeholt und hatte sie ihr gezeigt. Die Frau hatte ein warmes Weizenblond ausgewählt. «Gute Wahl! Das wird Ihnen bestimmt stehen. Zudem wird es ganz natürlich wirken», hatte die Perückenknüpferin wohlwollend gemeint. «Darf ich Sie im Weiteren darauf hinweisen, dass im Preis selbstverständlich auch die regelmässige und fachgerechte Auffrischung inbegriffen ist? Denn das garantiert eine Langlebigkeit und die Freude am Produkt. Wenn Sie nun keine weiteren Fragen mehr haben, dann darf ich Sie um die Unterschrift des Kaufvertrags mit Abnahmegarantie bitten», schloss Ina. Die Dame hatte geantwortet: «Es gibt keine offenen Fragen mehr. Haben Sie vielen Dank!», hatte schwungvoll ihre Unterschrift auf das Papier gesetzt und hatte sich erleichtert verabschiedet. Schon nach einigen Arbeitstagen würde die handgeknüpfte Echthaarperücke für die Kundin abholbereit sein.

Als das angenehm duftende und etwas schwere Parfüm der Dame sich im Raum verflüchtigt hatte, hatte Ina nochmal bewusst nach dem Briefcouvert gegriffen, das sie in der Schublade des Korpus versteckt hatte. Dabei hatte sie wieder behutsam über dessen Papier gestrichen.

Ina kehrte mit ihren Gedanken wieder in die Gegenwart zurück. Sie bezweifelte, dass jetzt weder Kundschaft in den Laden kommen noch ein Anruf für eine weitere Bestellung eingehen würde. Wenn doch, wurde er so oder so auf ihre Mobilnummer umgeleitet. Da konnte sie ein Kundentelefon notfalls unterwegs oder durchaus bequem bei sich zu Hause entgegennehmen, da sie auch dort über alle wichtigsten Kataloge und Angaben verfügte. Zugegebenermassen bedeutete zwar ein Telefon unterwegs natürlich stets, dass sie sich mit den Kunden auf einen umgehenden Rückruf verständigen musste. Aber sie hielt nichts von getrennten beruflichen und privaten Lebensbereichen. Sie erhob sich vom gepolsterten Dreh- und Arbeitsstuhl, löschte überall die Lichter und schaltete die Abend- und Nachtbeleuchtung des Ladenlokals auf «on». Bis jetzt klappte die Stromversorgung zumindest noch. Denn der Laden verfügte, unüblich für hiesige Verhältnisse, über einen Notgenerator, der kurzzeitig die

Stromversorgung aufrechterhalten konnte. Sie musste dem säumigen Vermieter klaren Wein einschenken und ihm gehörig die Leviten lesen. Die Zeit dazu war mehr als fällig!

Mit der Erfahrung und dem Gefühl für die widerspenstige Schlossmechanik der Ladentür, drehte sie den Schlüssel zweimal im Schloss um.

Der Vermieter war ein windiger Kerl, zwar gutaussehend mit dunklem, halblangem Haar und ausdrucksstarken blaugrauen Augen, was aber in diesem Zusammenhang eher hinderlich war. Sie hatte ihn kurzerhand nach dem Weggang vom Laden auf seinem Mobiltelefon angerufen und hatte ihm etwas zu förmlich und hastig mitgeteilt – sie hatte sich dabei konzentrieren und um Gefasstheit ringen müssen –, dass sie ihn am nächsten Morgen unbedingt sprechen wolle.

Er hatte sich wenig überrascht gezeigt, als hätte er auf ihren Anruf gewartet. Er hatte kurz und bündig geantwortet: «Morgen geht nicht mehr. Also kommen Sie heute noch vorbei. Äh, also, Sie finden mich nicht mehr in meinem Büro. Aber die Pizzeria ‹Tre mani bianche› ist nicht weit davon entfernt. Bis dann!» Und schon hatte der feige Hund die Verbindung gekappt. Das war schon einmal ein Anfang. Jetzt kochte die Wut in ihrem Bauch. All der frühere Ärger kam wieder hoch. Und nun musste sie sich auch noch vorschreiben lassen, wo und wann sie ihn zu treffen hatte, um ihn überhaupt zu Gesicht zu bekommen. Das war doch wirklich der Gipfel. Aber es nützte ihr gar nichts! Sie gab sich stattdessen einen Ruck und stiefelte zu dieser zweitklassigen Pizzeria bei ihm um die Ecke. Da würde sie gleich ihren entscheidenden Auftritt haben und sich dabei gebührend Gehör verschaffen. Davor sammelte sie sich gedanklich kurz, wollte sie ihn doch mit Argumenten und vor allen Dingen mit Schlagfertigkeit schlagen.

Ina klopfte das Herz übermässig und bis zum Hals. Dabei schienen ihre Wangen Feuer gefangen zu haben. Sie brannten. Aber da musste sie nun durch.

Mit einem energischen Schwung stiess sie die Tür zur spärlich besetzten Pizzeria auf. Das Lokal war in seiner Ausstattung einfach gehalten. Eigentlich glich es eher einer besseren Imbissbude als einem Restaurant. Die Dekorationen verhalfen dem Innenraum auch nicht zu mehr Ambiente. Die hoffnungslos verstaubten Fischernetze mit den billigen Plastikfischen darin, lieb- und fantasielos Meer und Süden vorgaukelnd, verfehlten so kläglich die erhoffte Wirkung. Sie trugen rein gar nichts zu einer entsprechenden Atmosphäre eines Speiserestaurants bei. Aber das war jetzt zweitrangig.

Pasquale di Alma, der skrupellose Vermieter, sass am mittleren Tisch mit Rundumblick ins Lokal und Ausblick auf die gut frequentierte Hauptverkehrsstrasse des Stadtteils im Norden. Er hantierte hingebungsvoll mit Messer und Gabel. Auf seinem Teller lag eine reichbestückte Pizza von grober Übergrösse, wovon er sich gerade ein grosses Stück herausschnitt. Daher sah er sie auch nicht kommen.

Ina machte erst zwei Schritte vor seinem Tisch halt, die Beine hüftbreit, die Wangen gerötet und den Kopf in den Nacken geworfen, was sie insgesamt grösser und stärker erscheinen lassen sollte. So glaubte sie es in Heldenfilmen gesehen zu haben, wenn sie abends mal einfach abschalten wollte und den Fernseher laufen liess. Sie sah anschliessend in seine zu blaugrauen Augen und meinte dann: «Guten Tag, Pasquale di Alma. Ich wünsche guten Appetit, obwohl es etwas zu besprechen gibt.» Und sie fuhr so schnell fort, dass di Alma – verwundert über ihre Zielstrebigkeit – sie während eines kurzen Moments wortlos anglotzte. Er hatte sich aber schnell gefasst, verbaler Schlagabtausch entsprach ihm. Er legte das Besteck nicht aus den Händen, als er meinte: «Ach, Frau Ina Reich, Sie sind aber ganz eine Schnelle! Alles klar bei Ihnen? Oder was gibt's denn schon wieder so Dringendes über Gott und die Welt zu klönen?» Dieser Scheisskerl war einfach nur die Höhe, fuhr es Ina noch durch den Kopf. Dann hatte sie sich nicht mehr in der Hand, sie legte los, sie war selbst über sich erstaunt. Sie traute sich noch einen Schritt näher zum Tisch, stützte sich mit beiden Händen an der Tischkante ab und fauchte leise, aber bedrohlich: «Jetzt hören Sie mal gut zu, sie Unflätiger! Vor zwei Monaten konnte ich kaum noch die Ladentür von aussen richtig zusperren. Zwei lange Tage liessen Sie verstreichen, bis der Schlüsseldienst endlich das Schloss ausgetauscht hatte, danach der Leitungsbruch und die damit verbundene Sauerei und heute Mittag das Finale: Da kam nicht einmal mehr fliessendes Wasser aus dem Wasserhahn! Wissen Sie was, jetzt ist aber genug! Und übrigens können Sie Ihre Miete zukünftig bei einem anderen Dummen eintreiben. Mir reicht's, ich habe hiermit gekündigt, jawohl!» Das sass. Damit hätte der schöne Pasquale zur Feierabendzeit dann doch nicht gerechnet. Jedenfalls nicht von ihr. Er musste sich kurz sammeln und meinte dann versöhnlicher: «Machen Sie denn keine guten Geschäfte, Frau Reich? Sie sind doch sicher dank ihrer Perücken finanziell schon ganz gut unterwegs, meine Süsse! Na, dann wünsche ich Ihnen mal eine schöne Reise! Geht's erst nach Jamaika oder doch gleich nach Afrika?», fragte er scheinheilig. Das fehlte gerade noch, dass er versuchte ihr zu schmeicheln, sich aber gleichzeitig über ihren Beruf lustig machte und sie noch dazu duzte. Fremdenfeindlichkeit konnte sie ebenso nicht ausstehen. Und warum nahm er wie selbstverständlich an, dass sie vorhatte, auf Reisen zu gehen? Sie funkelte ihm mit Blitzgewitter aus ihren Augen entgegen und zischte mit einem giftigen Unterton in ihrer Stimme: «Stecken Sie sich ihre Pizza ‹Ai funghi› in den Mund oder besser woanders hin. Es bleibt dabei. Und noch etwas: Essen Sie besser weiter, denken bekommt Ihnen schlecht!» Und weg war sie.

Ina stolperte beinahe über ihre eigenen Füsse. Nichts wie raus hier! Weg von diesem widerlichen Kerl und fort aus diesem grässlichen Lokal, fuhr es ihr mechanisch durch den Kopf. Sie erreichte nach langen Sekunden im Laufschritt den Ausgang und riss energisch die Tür auf. Endlich befand sie sich draussen auf dem Trottoir. Schier wäre sie von eilenden Passanten geschubst worden. Denn sie war für einen Augenblick einfach an Ort und Stelle stehen geblieben. Sie fühlte sich benommen, ja, sie war von sich schockiert! Was hatte sie eben dem Typen da an den Kopf geworfen? Sie würde das Ladenlokal kündigen? Was war plötzlich über sie gekommen? War sie übergeschnappt?

Ina würde im März neununddreissig Jahre alt werden. Nach der allgemeinen Gesellschaftsmeinung hätte sie die neuralgische Altersgrenze damit bald erreicht. Mit den gesellschaftlichen Nebenwirkungen für eine Frau diesen Alters hatte sie bis jetzt jedoch noch keine Bekanntschaft gemacht. Noch nicht. Sie stand der gängigen Auffassung, dass Frauen mittleren Alters sich auf dem absteigenden Ast befänden, sowieso zwiespältig gegenüber. Aber sie würde sich nicht sonderlich auf ihren vierzigsten Geburtstag freuen. Nicht, wie sie sich damals ihre Volljährigkeit herbeigesehnt hatte! Auf was sollte sie sich denn auch genau freuen? Sie schob den Gedanken zur Seite. Das half jetzt auch nicht weiter. Sie war muffiger Stimmung. Ihr Geschäft als Perückenknüpferin lief seit einigen Monaten nicht so, wie es sollte. Sie häufte zwar deshalb keine neuen Schulden an. Soweit wollte sie es auch gar nicht mehr kommen lassen. Der Anfang war kein Spaziergang gewesen: Das Darlehen der Bank und das Privatdarlehen von Leander fristgerecht in aller Regelmässigkeit zurückbezahlen und sich, wie zu früheren Zeiten, gleichzeitig alles wieder vom Mund absparen zu müssen, das war doch anstrengend gewesen und hatte Selbstdisziplin bedeutet. Dass sie innerhalb der letzten drei Jahre jedoch alles Finanzielle hingekriegt hatte, darauf war sie mit Recht stolz! Ausser, dass dabei die Beziehung zu Leander, wie schlechthaltender Putz, lange unmerklich, aber stetig weggebröselt war. Angefangen hatte alles damit, dass er plötzlich Angst um sein eingeschossenes Geld gehabt hatte und deswegen ohne Ende ungerechtfertigt gestresst hatte. Überhaupt waren sie seither nicht mehr in die gleiche Richtung unterwegs gewesen. Bei einem selten gewordenen Abendessen auswärts hatte er dann überraschend und trocken gemeint, er ziehe in einer Woche aus. Ob sie das verstehen würde? Was hatte er darauf hören wollen? Hätten sie nun plötzlich in Streit geraten und sich darauffolgend in einen sinnlosen Schlagabtausch wiederfinden sollen? Am Abend des angekündigten Auszugs war sie vorsorglich zu einer Freundin gefahren. Bevor Ina an diesem Morgen die Wohnung verlassen hatte, war es ihr so vorgekommen, als wäre sie eine Schauspielerin. Sie hatte sich selbstbeobachtend durch die Räume der Wohnung bewegt, als wäre sie in Action auf einem Set. Nur mit Mühe hatte sie sich aus diesem Zustand in die Realität zurückgerissen und hatte mit dem erstbesten Stift in Schnellschrift noch «Alles Gute!» auf den freien, linken Seitenrand der Tageszeitung, welche noch vom Vorabend auf dem Küchentisch herumgelegen hatte, gekritzelt. Die Zeitung hatte einen Geruch von frischer Druckerschwärze verströmt. Aufdringlich und gefährlich. Leider keine Radioaktivität war es Ina noch dabei durch den Kopf geschossen. Diese wäre sowieso nicht riechbar gewesen. Daneben hatte sein vergessener Autoschlüssel gelegen. Sie war erleichtert gewesen, dass nun auch der letzte Tag in der gemeinsamen Wohnung und ihres Lebens offensichtlich kampflos zu Ende gehen würde. Hunger und Durst hatte sie keinen verspürt. Sie hatte darauf das Haus verlassen, um ihr Tagwerk wiederaufzunehmen.

Ina fuhr sich einmal aus Gewohnheit durch ihr kurzes, mittelbraunes Wuschelhaar, umspielt gewöhnlich von rötlichem Glanz, wenn sie im Sonnenlicht stand. Ihre hellbraunen Augen und ihr rundlich geschnittenes

Gesicht mit Sommersprossen waren schon konzentriert auf den Strassenverkehr und die Fussgängerampel gerichtet. Sie war nicht sonderlich gross, aber auch nicht klein und schlank, abgesehen von ihrem wenigen Hüftgold, was sie störte, aber Aussenstehende nur bei genauer Betrachtung ihrer unverhüllten Taille bewusst registriert hätten. Sie trug Schwarz.

Nach dem Abitur mit Schwerpunkt für neue Sprachen hatte sie auf Germanistik und im Nebenfach auf Geschichte gesetzt. Beiden Studienrichtungen war sie jedoch nur knapp vor Ende des zweiten Semesters gefolgt. Die Semesterprüfungen hatte sie, mangels Auseinandersetzung mit dem verlangten Stoff und folglich fehlender Sorgfalt hinsichtlich der Prüfungsvorbereitungen, nicht mehr geschafft. Dem Studium war sie rückblickend eigentlich nie ganz mit vollem Herzen und Verstand gefolgt. Sie hatte sich eher endlich des elterlichen Drucks entledigen wollen und daher diesen Weg eingeschlagen.

Vom Theaterspielen hielt ihr Elternhaus nämlich nicht viel. Vielmehr galt eine solide Ausbildung als Garant für ein erfolgreiches Leben. Über den Studienabbruch waren die Eltern wenig erfreut gewesen. Enttäuscht und ratlos hatten sie daraufhin den inneren Rückzug angetreten. Nur die Mutter hatte sich wieder, nach einem Monat Funkstille, fürsorglich und mütterlich, ganz ihrem Wesen entsprechend, um den Kontakt zur Tochter bemüht. Nach der beruflichen Kehrtwende hatte sich Ina exakt vier Wochen Zeit zum Nachdenken über sich und ihre Zukunft gegeben. Sie hatte sich vollkommen aus dem gesellschaftlichen Leben zurückgezogen. Dem überschaubaren Freundeskreis hatte sie eine Nachricht geschrieben, dass sie sich nach dem Sausenlassen ihres Studiums eine Auszeit zur Neuorientierung nehme. Sie war nur noch aus dem Haus gegangen, um Lebensmittel zu besorgen oder unaufschiebbare Erledigungen zu tätigen. Ende der vierten Woche hatte sie den inneren Prozess der Selbstfindung abgeschlossen. Und sie hatte einen Entschluss gefasst, welcher insgeheim schon lange vorher da gewesen war, den sie aber bislang immer unterdrückt hatte: Sie wollte sich künstlerisch ausdrücken. Warum sollte sie nicht wieder das Schauspielern aufnehmen? Das hatte ihr doch schon immer Herzklopfen bereitet. So hatte sie begonnen, nebenher begeistert Theater zu spielen. Eine ehemalige Mitschülerin des Gymnasiums hatte ihr den entsprechenden Kontakt zu einer Liebhaberbühne verschafft, wo sie selbst mitspielte.

Den Lebensunterhalt hatte sie hauptsächlich durch eine Anstellung in einem Museum im Empfangsbereich an der Kasse mit Kleinkunstwarenverkauf und durch die Mitarbeit im hauseigenen Bistro bestritten. Der Blick dabei über die Stadt war einzigartig. Kunst beruhigte sie. Nebenher verdiente sie sich mit Erteilen von Nachhilfestunden in Geschichte einen willkommenen Zustupf. So hatte sie dann vor sich hingedümpelt, geistig wenig gefordert, was sie sich aber über Jahre nicht hatte offen eingestehen wollen. Sie hatte ihre Berufssituation bei Familie und Freunden mit solch penetranter Begeisterung schöngeredet, dass dabei nie jemandem der Kragen geplatzt wäre. Mitmenschen können bei ihrer Selbstbezogenheit vordergründig so rücksichtsvoll erscheinen. Durch das Theaterspielen war sie später mit einer Maskenbildnerin ins Gespräch gekommen, die für eine andere eingesprungen war. Die pensionierte Kunsthandwerkerin war in einem Nebensatz auf das Perückenknüpfen zu sprechen gekommen und ins Schwärmen von früheren Zeiten. Ina hatte Feuer gefangen. So hatte alles begonnen! So hatte sie sich auf den abenteuerlichen Weg begeben, um sich das Handknüpfen und Anfertigen von Perücken anzueignen. Kunsthandwerke aus Echthaaren, kaum von wirklicher Haarpracht zu unterscheiden. Es

24

zeigte sich, dass sie ein Händchen, ein Auge und die nötige Ausdauer dafür mitbrachte. Das Gespür und der Umgang mit Menschen lag ihr sowieso.

Der Nachbar mit dem miesen Geschmack für Blumengeschenke war im Grunde seiner Natur nicht leicht zu ergründen. Er entsprach auf den ersten Blick zwar dem Klischee eines durchschnittlich aussehenden, ruhigen und integren Zeitgenossen. Ein Mann von ungefähr zweiunddreissig Jahren mit braunem, dichtem und kurzgeschnittenem Haar, hellblauen Augen und zurückhaltendem Blick. Der Mann war stets dezent, aber passend für einen Büro- oder Institutsalltag gekleidet. Von Berufs wegen wusste Ina nichts Genaueres über ihn. Sicher war er ein Intellektueller und kein Macher. Er hatte wohl irgendeine Fachrichtung wie Geografie oder Umweltwissenschaften studiert und, zum Unterschied zu ihr, das Studium erfolgreich abgeschlossen. Er schien einem geregelten Wochenablauf zu folgen. Nur eines war Ina dabei aufgefallen, dass ihr Nachbar Abfälle seines Haushalts fast schon mit heiliger Hingabe und verbohrter Genauigkeit in die entsprechenden Container der Siedlung entsorgte. Neulich hatte sie ihn bei der Entsorgungsstelle getroffen und hatte, nett gemeint und um eine unverbindliche Kontaktaufnahme zwischen Nachbarn besorgt, zum Braven gesagt: «Guten Abend. Na, wie schnell die Behälter doch immer gleich wieder voll sind!» Dabei hatte sie ein frisches Lächeln hinterhergeschickt. Er gab grundsätzlich wohl nicht viel auf Nachbarschaftskontakte und hatte stattdessen nur ein leises «Schönen Abend Ihnen», hervorgebracht. Das war's! Ina war sich aufgrund seiner Reaktion danach etwas blöd vorgekommen, als hätte sie etwas Unpassendes laut ausgesprochen.

Als vermeintlicher Psychopate hatte er sich ihr erst durch folgende denkwürdige Aktion offenbart: Kürzlich hatte sie Bettwäsche gewaschen. Tags darauf hatte sie nachschauen wollen, ob sie trocken geworden war. Entscheidend dafür war die jeweilige Luftfeuchtigkeit im Raum, abhängig jeweilig vom vorherrschenden Wettercharakter. So war sie von ihrer Wohnung in den Kellerbereich gestiegen und hatte den Trocknungsraum betreten, wo sie erstarrt stehengeblieben war. Im Raum war überraschend der Nachbar gestanden und er hatte doch tatsächlich genüsslich an ihrem Bettlaken gerochen! Er hatte sie nicht kommen hören, hatte sich nun aber instinktiv und lautlos umgedreht. Dabei hatte sie für einen Sekundenbruchteil bloss einen seltsamen und deutungsschweren Ausdruck in seinen Augen erhaschen können. Ihre Stimme war wie gebrochen und so hatte sie nicht sehr laut geknurrt: «Was fällt Ihnen eigentlich ein, sich an meiner Wäsche zu vergreifen, Sie Schwein!» Und er hatte darauf mit halbbeleidigter Stimme hervorgebracht: «Was, wie …? Ach, warum denn so ärgerlich? Ich riech' ja nur daran. Nicht das beste Waschmittel, muss ich dazu allerdings sagen!» Über diese unglaubliche Antwort war sie so verwirrt gewesen, dass es ihr die Stimme verschlagen hatte. Also hatte sie hastig ihre Wäsche vom Wäscheseil genommen und war damit protestlos Richtung Wohnung verschwunden. So konnte die reinliche Fassade also täuschen. Seither war er für sie ein rotes Tuch.

Seit der Trennung von Leander bewohnte sie eine einfache, aber zum Ladenlokal näher gelegene Wohnung. Kaum fünfzehn Minuten davon entfernt. Diese Kurzstrecke tat gut, um wenigstens ein bisschen Bewegung in den Alltag zu bringen. Denn sonderlich sportlich war Ina zurzeit nicht. Früher als Kind und Jugendliche hatte sie mit Freude Tennis gespielt. Vor allem zusammen mit ihrem Vater. Das war seine Passion gewesen. Leander hatte dafür weder ein Händchen gezeigt noch dieselbe Leidenschaft mit ihr geteilt. Er hatte lieber seiner Mannschaft und den pfeilschnellen und treffsicheren Spielern auf dem Eis nachgefiebert. Damit hatte Ina wiederum nie etwas anfangen können. Das war ihr alles zu laut, zu aggressiv und überhaupt zu zugig auf den Zuschauertribünen. Ihre Wohnung bestand aus nur einem grossen Zimmer mit einer abgetrennten Küchenzeile im Raum und einem winzigen Bad mit WC, Lavabo und Dusche. So hatte sie die Lebenskosten monatlich deutlich drücken können. Und das war nötig. Seit einiger Zeit beschafften sich nämlich nicht eine kleine Anzahl von Kranken, mögliche Kundschaft, statt einer Echthaarperücke eine aus Kunsthaar. Made in China und daher billiger. Auch wenn die Versand- und Zollkosten noch dazu gerechnet werden mussten. Unter dem Strich war die Anfertigung eines solchen Haarersatzes dennoch wesentlich preisgünstiger. Nur das zählte offenbar bei vielen. Sie hatte bei ihrem Abgang nach dem Streit mit di Alma, den Gedanken, das Ladenlokal aufzugeben, zuerst komplett verworfen. Aber die Idee hielt sie gefangen und wollte nicht aus ihrem Kopf. Und es war vielleicht gar nicht eine so schlechte Sache, den Laden für die Zeit ihres Wegbleibens unterzuvermieten, statt gleich die Kündigung auszusprechen. So blieb ein Hintertürchen offen. Denn nach ihrer Rückkehr konnte sie kaum auf Rücklagen zurückgreifen. Sie entsann sich einer Bekannten, die ihr Lokal schon immer gerne für ein Nagelstudio gehabt hätte. Die Kosmetikerin war am Expandieren, als sie sie kürzlich wieder getroffen hatte. Sie würde sie fragen. Ganz einfach. Pasquale di Alma würde bloss ihre geschäftliche Reise schriftlich mitgeteilt werden und dass während dieser Zeit die Bekannte in das Ladenlokal zur Untermiete einziehen würde. Sie würde die Kosmetikerin noch heute Abend anrufen, sie versuchen, für ihr Vorhaben zu gewinnen. Basta! Ina sah ganz deutlich wieder den Briefumschlag vor sich …

Denn warum sollte sie die Idee nach Veränderung nicht mit der Reise zu ihrer Tante verbinden? In dem Augenblick wusste sie, dass der Entschluss dazu längst in ihr herangereift war. Es war entschieden. Einen Moment zweifelte sie noch kurz. Sollte sie es wirklich tun? Ja, ansonsten würde sie hier noch versauern! Was konnte sie denn Schlimmes erwarten? Sie würde also das Abenteuer wagen und zur Tante fahren, mit ihr die letzte Zeit verleben, so wie es als eine ihrer Bedingungen in ihrem Brief an sie gestanden hatte. Den Brief, den ihr Nachbar unerlaubterweise und doch wohl unabsichtlich geöffnet hatte und den sie sogar zum wiederholten Lesen mit ins Geschäft genommen hatte.

Die Schrift auf dem Briefcouvert drückte den Charakter des Schreibers einerseits in dem Hang nach Vorwärtsstreben, anderseits mit dem Ausdruck von stoischer Statik und langen Unterlängen in den Bögen aus. Dabei war augenfällig, dass Endungen zusammenhängend, Anfänge jedoch in Blockschrift geschrieben wurden. Dafür war offensichtlich ein Füller mit blauer Tinte verwendet worden. Nach dieser eingehenden Betrachtung hatte Ina vorsichtig das Couvert gewendet. Ihre aufkommende Neugierde war einem Staunen gewichen. Sie hatte sich verwundert gefragt, wer ihr einen solchen Brief geschickt haben mochte? Er wirkte edel und antiquiert; wie aus einer anderen Zeit! Sie hatte plötzlich ein Gefühl, ähnlich wie Ehrfurcht, verspürt. Sie hatte nochmal einen Blick auf ihre eigene Anschrift geworfen. Wer kannte ihre Adresse? Alles stimmte! Sie hatte die anderen Briefe zusammen mit den Gratiszeitungen auf der Kommode im Gang deponiert und war mit dem Couvert weiter zur Küchenzeile gelaufen. Dort hatte sie aus der Besteckschublade ein glattes Rüstmesser hervorgeholt. Damit wollte sie den Briefumschlag mit einem sauberen Schnitt öffnen. Unverletzt musste er bleiben. Das war ihr plötzlich klargeworden. Während sie das Messer mit leichtem Druck durch den Falz des Couverts geführt hatte, hatte sie gleichzeitig das Schneidegeräusch gehört. Ihre Spannung war gestiegen. Sie hatte den Brief aus derselben Farbe und Papierqualität wie das Couvert ungeduldig auseinandergefaltet und hatte sich im selben Augenblick den nächstbesten Küchentischhocker als Sitzgelegenheit geangelt. Sitzend hatte sie zu lesen begonnen:

Meine liebe Nichte Ina

Wenn du diesen Brief überrascht in den Händen halten und anschliessend ganz auffalten wirst, dann lies ihn bitte vollständig zu Ende!

Ich weiss, mit den Jahren sind wir leider nur noch selten miteinander in Kontakt gestanden. Das ist bedauerlich. Rückblickend hätte ich es mir anders gewünscht. Denn ich habe dich als Kind gemocht und liebgehabt ... und auch manchmal erfolgreich gegen deine Eltern verteidigt. Daran magst du dich sicher auch noch gut erinnern! (Mein Bruder war ja schon immer etwas eigensinnig und zu ehrgeizig gewesen.)

Nun gut! Heute bist du eine erwachsene Frau, die ihr Leben lebt und ich bin inzwischen alt geworden. Ich will aber nicht etwa klagen. Ich habe immer das gemacht, was ich für richtig hielt. Es war ein gutes Leben! Ein Leben, das zwar bald zu Ende gehen wird. Ich bin krank und mir bleibt, soll ich den Ärzten nun Glauben schenken, nicht mehr viel Zeit übrig. Deshalb möchte ich dich in den letzten Monaten meines Lebens in meiner Nähe wissen. Glaube mir, liebe Ina, ich habe dir noch viel zu erzählen!

Dazu stelle ich einzig drei Bedingungen:

1. *Du begleitest mich voraussichtlich während der letzten zwei Monate meines Lebens, in denen du mir Gesellschaft und Unterstützung sein wirst.*

2. *Als letzten Wunsch möchte ich, wenn immer möglich, nochmals ans Meer. An einen ganz bestimmten Ort, wo ich früher für kurze Zeit einmal sehr glücklich war. Du wirst auf diese letzte Reise mitkommen.*

3. *Anstelle einer Beerdigung will ich stattdessen mit meinen Freunden zusammen ‹Ein Fest aus Dankbarkeit ans Leben› feiern. Du bist die Organisatorin und wirst auch dabei sein.*

Fühle dich frei und ungebunden! Überlege es dir gut und gründlich. Einen Monat hast du Bedenkzeit. Zögere nicht, du wirst es nicht bereuen!

Ich schliesse dich hiermit herzlich in meine Arme, liebe Ina!

Bis bald!
Deine Tante Marilène

Ina hatte den Brief langsam zusammengefaltet. Sie war einfach sitzengeblieben. Die paar Zeilen hatten einen inneren Film in ihr zum Laufen gebracht. Sie hatte ganz deutlich gesehen, wie sie zusammen mit Tante Marilène in kindlicher Ausgelassenheit half Kirschen zu entsteinen. Genauer genommen: sie stützte sich mit beiden Ellenbogen auf dem Küchentisch ab, ein Paar frische Kirschen hinter das linke Ohr gesteckt, schaute sie lachend der Tante beim Bedienen der Küchenmaschine zu. Wieder zu sich gekommen, hatte Ina unerwarteten Heisshunger nach warmen Kirschen auf Vanilleeis verspürt, obwohl es doch gerade erst draussen kälter geworden war. Der Herbst nahte. Der Wind fuhr neuerdings kräftiger in die Bäume. Dabei trennte er die entkräfteten Blätter beim jeweiligen Blattstiel vom feinen Geäst des Baums ab. Erste Blätter im freien Fall.

Ina hatte den gefalteten Brief in das Couvert zurückgesteckt und hatte ihn gut ersichtlich auf dem weissgetünchten Nachttisch aus Holz platziert. Sie hatte nochmals darüber schlafen und bis in ein paar wenigen Tagen endgültig darüber entscheiden wollen. Erfahrungsgemäss würde sie so zu einer tragfähigen Entscheidung finden. Sie hatte plötzlich das Bedürfnis nach einer warmen, entspannenden Dusche verspürt. Flugs hatte sie sich ihrer Kleidung entledigt und nur wenige Minuten später war sie mit einem behaglichen Gefühl in den Gliedern und gut duftend im Bett gelegen. Auf den Schlaf hatte sie nicht lange warten müssen.

Ina hatte diese Nacht durchgeschlafen und hatte sich morgens frisch und erholt gefühlt. Das hatte sie schon einmal, was die ganze Sache betraf, als gutes Omen gedeutet. Nach ein paar Tagen hatte sich Ina entschieden. Sie würde das ungewöhnliche Angebot ihrer Tante annehmen.

Und das aus drei Gründen:

Erstens: Sie wusste, dass sie ihre Lebensumstände verändern musste, denn ihr aktuelles Leben passte nicht mehr. Sie lebte nur noch für ihre Arbeit. Immer der gleiche Trott. Das konnte es doch nicht sein! Das war ihr in den letzten Tagen bewusst geworden.

Zweitens: Sie wollte ihre Tante unbedingt wiedersehen, mit ihr zusammen sein und mehr über sie (und sich) erfahren.

Drittens: Sie verspürte eine Lust auf Abenteuer; in sich den Drang nach Veränderung.

Liebe Tante Marilène

Vielen Dank für deinen Brief und das einzigartige Angebot. Damit hast du mich wirklich sehr überrascht. Es stimmt, dass es schade ist, dass wir uns in den letzten Jahren so wenig gesehen, gehört oder wenigstens gelesen haben. Es tut mir ausserordentlich leid, dass du so krank bist. Umso mehr freut es mich, dass wir nun die Zeit nicht mehr ungenutzt verstreichen lassen wollen. Denn ich nehme dein Angebot samt Bedingungen an!

Falls es dir immer noch ernst damit gilt, werde ich am 1. November nach 10.15 Uhr bei dir zu Hause eintreffen. Ich werde mit dem Zug zu dir fahren. Sicherheitshalber werde ich mich einen Tag vor meiner Abreise nochmals telefonisch bei dir melden. (Danke für die nötige Sorgfalt und die Angabe deiner Telefonnummer. Es ist immer noch dieselbe!)

Ich bin jetzt schon aufgeregt, wenn ich mir unser Wiedersehen vorstelle!

Alles Liebe und Gute und bis bald!

Deine Nichte Ina

Ina stellte die Perücke für die gepflegte Dame mit Vorlieben zu dschungelartigen Farben wie Papageiengelb in der vereinbarten Zeit fertig. Die Kunden waren jeweils pünktlich zur Stelle, wenn es darum ging, ihre zukünftige Haartracht in Empfang zu nehmen. Mit der Zahlungsmoral haperte es aber immer häufiger bei den Patienten des Onkologen, mit welchem Ina zusammenarbeite. Trotz medizinisch-psychologischer Indikation und entsprechendem Schreiben des Spezialisten mit Antrag auf Kostenübernahme des Haarersatzes, zeigten die

Kassen sich sperriger als auch schon. Sie hatten Lunte gerochen. Sprich: billigere Anfertigungen im Land der aufgehenden Sonne, die die Kosten drückten. Diese Kundin zahlte jedoch überraschend schnell. Nämlich bar auf die Hand. Die Geldscheine waren unverkennbar neu. Ungefaltet nahm sie Ina in Empfang. Sie war froh, dass sie sie einfach auf ein paar andere, die einsam ihr Dasein in der Kasse fristeten, legen konnte. Eigentümlich, dass es ihr so schwergefallen wäre, die Noten als Erste zu falten. Sie liess den Gedanken gleich wieder fallen: Bar- und Wechselgeld musste schliesslich sein. Ina verabschiedete sich mit einem freundlichen Wort von der Kundin, die sich Richtung Tür entfernte.

Seither war Zeit vergangen. Ina war während dieser Tage mit viel Arbeit vor ihrer Abreise eingedeckt worden. Sie hatte wie eine Getriebene geschuftet. Es war hektisch zu und her gegangen. So hatte sie die restliche Administration einschliesslich der unliebsamen, aber unabdingbaren Buchhaltung erledigt sowie den Arzt für Krebsleiden, samt der Geschäftspartner, über ihre Auszeit von rund zwei Monaten ins Bild gesetzt. Auch ihren bisherigen Kunden hatte sie die nötige Beachtung geschenkt. Sie hatte alle samt und sonders informiert.

Auffrischungen getragener Perücken mussten also warten. Ausser jene, die sowieso terminiert gewesen waren. Diese Kunden konnten einerseits auf tadellose Arbeit zählen und anderseits war sie, trotz Zeitdruck, mit viel Einfühlungsvermögen auf die Menschen eingegangen. Und das alles mit einer so erfrischenden Leichtigkeit, welche sie selbst verwundert hatte. Beim Verlassen des Ladenlokals ihrer letzten Kundin schien die Türglocke nochmals aufdringlicher, aber auch klangvoller zu bimmeln. Sozusagen zum Abschluss.

Alles glitt scheinbar wie durch weiche Butter. Auch Sophia, die Kosmetikerin auf Erfolgskurs, war auf ihr überraschendes Angebot, den Laden kurzfristig für zwei Monate zu mieten, glücklicherweise angesprungen und mit den Konditionen einverstanden gewesen. Der Laden lag zudem verkehrsgünstig und Ina überliess ihn ihr etwas billiger. Sicherheitshalber. Was für ein Glück sie doch hatte! Das war alles fast zu schön, um wahr zu sein. Musste sie sich deshalb in den Arm kneifen? Schon lange hatte sie sich nicht mehr so lebendig gefühlt!

Die Miete ihrer eigenen Wohnung würde sie jedoch weiterhin bezahlen. Sie hatte keine Zeit mehr, auch noch für einen Untermieter zu sorgen. Der Grund für diesen

Kompromiss lag jedoch tiefer: Sie mochte nicht fremde Menschen in ihren vier Wänden wissen und leben lassen. Sie beschloss, die Liegenschaftsverwaltung gar nicht erst darüber zu informieren. Sie war eine stille Mieterin. Sie würde einfach die Stecker aller Elektrogeräte von den Steckdosen trennen und den wohnungseigenen Wasserzentralhahn zudrehen. Das Mietshaus würde schon nicht gleich während ihres Fortbleibens abbrennen.

Und dem unsäglichen Nachbarn, der den Brief, der frischen Wind in ihr Leben zu wehen versprach, gelesen hatte, war sie seither lediglich einmal flüchtig im Treppenhaus begegnet. In den einigen Sekunden hatten sie sich nur andeutungsweise zugenickt und beide hatten versucht, ihre Schritte unauffällig zu beschleunigen. Er hatte zwei probiert auf einmal hinunterzueilen. Sie hatte mit forciertem Schwung zwei Stufen nach oben aufs Mal zu erklimmen vermocht.

Nun waren es noch genau zwei Tage bis zur Abfahrt nach der Stadt ganz im Nordwesten, wo die Tante lebte. Sie wollte mit dem Zug hinfahren. Die Zugfahrt war zwar zeitlich länger, dafür aber weniger anstrengend. Ein Auto hatte sie aus Kostengründen schon lange keines mehr. In der Stadt war es ja auch gänzlich überflüssig. Die Verkehrsachsen ächzten schon jetzt unter der Verkehrsflut von Fahrzeugen, die sich täglich wie ein unabänderliches Übel mit Lärm und Gestank durch die Stadt zu zwängen schienen. Nichts für schwache Lungen. Da wollte sie nicht mittun. Der Zug würde etwas später als um 08.30 Uhr abfahren. Sie hatte beschlossen, keinen direkten Zug auszuwählen. So blieb ihr noch selbst etwas Zeit. Die Reise würde so gut zwei Stunden dauern. Die Fahrkarte dazu hatte sie bereits gestern gekauft. Eine Sparfahrkarte über die Bahn-App. Soweit war alles Wichtige für ihre Abreise und ihr mehrmonatiges Wegbleiben getan. Sie würde auf der Zugsfahrt aber nichts zum Lesen dabeihaben. Sie wollte vielmehr nur aus dem Fenster schauen und die Landschaft an sich vorbeiziehen lassen. Das war das beste Mittel, um den Kopf freizubekommen.

Ina stand in engen Bluejeans, einer dunkelblauen Baumwolljacke samt Kapuze mit Innenfutter aus karamellfarbenem Plüsch und beschuht mit dunkelblauen Sneakers vor ihrer Wohnungstür. Die Haare waren anliegend, gelackt. Sie zog die Tür sachte zu. Als sie den Schlüssel im Schloss umdrehte, wurde sie nervös. Jetzt beginnt die Reise tatsächlich, schoss es ihr durch den Kopf. Und sie hörte sich gleich darauf halblaut sagen:

«Los! Nimm deinen Koffer und pack es!» Es gab nun kein Zurück mehr. Schnell langte sie nach dem Griff des Reisekoffers und bugsierte das Gepäckstück vom dritten Stock ins Erdgeschoss des Wohnblocks hinunter. Exakt in dem Augenblick, als sie die Aussentür des Gebäudes öffnete, drückte sich ein Stubentiger, kurz mauzend wie zum Gruss, flink an ihr vorbei ins Innere.

Teil 2

Kaum stand sie um die Ecke an der Haltestelle, fuhr kurz darauf ein zweigelenkiger Bus vor. Er schien so neuwertig, als wäre er heute auf Jungfernfahrt geschickt worden. Aussen funkelte er in sattem Rot, innen rochen die Passagiersitze nach Kunstüberzug. Diese mattglänzend in Tomatenrot. Sommers würde man beim Aufstehen mit blossen Beinen unangenehm am Kunstleder kleben bleiben. Und gleichzeitig unüberhörbar das schmatzende Geräusch, wenn sich der Überzug wie eine zweite Haut von den Beinen lösen würde. Sie fand im hinteren Teil des Gefährts einen geeigneten Platz für sich und den Koffer. Bis zum Hauptbahnhof würde die Fahrt gute zehn Minuten dauern. Sie spielte mit dem Gedanken, auf der App der Nationalen Bahngesellschaft den stets aktuellen Fahrplan bezüglich der Abfahrtszeit und des Bahnsteiges zu überprüfen. Sie entschied sich aber aus zwei Gründen dagegen: Einerseits war sie etwas nervös und solche Aktivitäten liessen ihre innere Unruhe meistens nur noch mehr wachsen. Anderseits wollte sie nochmals bewusst die wohlbekannte Busfahrt bis zum Bahnhof erleben. So kontrollierte sie schliesslich erst nach ihrer Ankunft am Bahnhof auf der grossen Abfahrtstafel in der Bahnhofshalle das Gleis ihres abfahrenden Zuges. Es war unverändert. Ihr blieben nun noch einige Minuten. Die hatte sie genau einkalkuliert und so steuerte sie auf einen Takeaway zu. Kurz darauf hielt sie einen Becher mit einem Kaffee in der Hand und lief endlich in schnellen Schritten zum Abfahrtsgleis. Der Zug war glücklicherweise nicht übervoll. Nichts unangenehmer als das: mit einer Überzahl von Menschen in einem Zugsabteil zu reisen. Wenn es einem zum Beispiel aufgrund des aufdringlich riechenden Sandwiches mit fettperlender Salami eines Sitznachbarn beinahe den Atem verschlägt oder man die Endlos-Erfolgsstory einer selbstverliebten Mitreisenden, lautstark an ihre allerbeste Freundin kundgetan, beklatschen darf. Heute war nichts dergleichen los. Ina konnte es sich im Abteil bequem machen und sich darin einrichten. Und sie gab sich kurzum der illusorischen Vorstellung hin, es wäre ihr eigenes, nachdem sie ihren Koffer vorne im Koffer-bereich bei besten Platzverhältnissen deponiert hatte. Sie liess sich erleichtert in den Sitz fallen, dabei spürte sie die Sitzpolsterung, wie sie angenehm ihre Schulterpartie stützte. Sie bemerkte, wie sich ihre Schulterblätter lang-sam senkten, als würden sie wie blättergleich dem Erdboden entgegenschweben. Sie atmete aus und griff zum Pappbecher. Die Wärme und das Koffein des Getränks taten ihr gut und weckten ihre Lebensgeister. Der Zug war losgefahren und sie liess die Stadt und das Umland an ihr vorbeiziehen und als die Umgebung ihr nach und nach fremder wurde, nahm sie wahr, dass sie nunmehr ganz entspannt und aufgeräumter Stimmung aus dem Fenster schaute.

Gerade als Ina in einen dösenden Zustand versinken wollte, trat eine junge Frau in ihr Blickfeld. Sie war eigentlich noch mehr Kind. Das Profil des Gesichts noch zu kindlich in den Rundungen, der Ausdruck noch eine zu glatte und unbeschriebene Oberfläche, einzig sich widerspiegelnd in den Augen des Gegenübers. Doch die Frisur mit ihren rotblonden Locken war ganz gekonnt um das zukünftige Gemälde zurechtdrapiert. Zwei Sekunden später sass ihr die Kindfrau gegenüber. Sie sah Ina direkt und mit aufgeweckten Augen ins Gesicht und war offenkundig bester Stimmung. Das wirkte auf sie – immer noch schläfrig – irritierend. Auf einen Schlag war sie hellwach. Und von Neugierde gepackt hörte sie sich zeitgleich ausrufen: «Hallo, junge Frau! He, du hast mich gerade aus meinen Tagträumen gerissen!» Die Unbekannte beugte sich nun auf ihrem Sitz sogar noch etwas zu ihr vor und sprudelte hervor: «Hallo! Heute beginnen endlich die Herbstschulferien. Raus aus dieser langweiligen Stadt, zurück ins Paradies!»

«Und wo liegt dein Paradies?», wollte Ina gerade nachfragen, als sie in diesem Moment etwas fürchterlich in der Nase kitzelte. Aber vergebens! Das erlösende Niesen blieb aus. Statt auf ihre Frage eine Antwort zu geben, streckte sie ihr unvermittelt ihre Rechte entgegen. Ina war etwas erstaunt über so viel Förmlichkeit der Jungen und beeindruckt von den guten Manieren. Sie drückte leicht deren Hand und antwortete: «O natürlich, entschuldige. Guten Tag! Ich heisse Ina. Und wer bist?»

«Salomé», sagte die Kindfrau. Und weiter: «Freut mich sehr, dich kennenzulernen», was sie offenbar aufrichtig meinte. Bevor Ina darauf etwas erwidern konnte, musste sie jetzt aber wirklich laut und herzhaft niesen. Irgendetwas musste ihr also tatsächlich in die Nase gestossen sein! Nur was bloss? Das Abteil schien geruchlos. Auch seitdem Salomé hereingekommen war und ihren Platz in Anspruch genommen hatte. Nur der Duft ihres Kaffees hing wohl sicherlich noch in der Luft. Den konnte sie aber selbst nicht mehr riechen. Kaum wendete sich Ina wieder ihrem Gegenüber zu, da schaute sie diese mit schalkhaften Augen an und witzelte prompt: «Also ein Besuch auf dem Bauernhof wäre für dich wohl eine Qual oder im besten Fall käme es zur Spontanheilung!»

Ina konnte gar nicht anders, als deren Witz und Schlagfertigkeit mit einem flotten Lacher zu goutieren.

«Und jetzt weiss ich genau, was du mit dem Paradies gemeint hast», nahm sie den Faden wieder auf. «Es ist das Leben auf dem Bauernhof. Der Umgang mit den Tieren und die Natur. Habe ich recht?», schob sie interessiert nach.

«Allerdings», sagte Salomé zustimmend. Fast schien sie etwas verträumt und fuhr fort mit erzählen: «Ich fahre zu meinem Opa. Er führt ganz allein zusammen mit Oma den kleinen Hof. Im Baselbiet», fügte sie noch hinzu. «Er hat das meiste Land anderen Bauern im Dorf zur Pacht gegeben. Bauern ist anstrengend. Sie betreiben nur noch Kleintierhaltung: Ziegen, einige Gänse und ein Pferd. Gina, die kastanienbraune Labradorhündin, ist mir, neben der verspielten Katze Lola, dabei die Liebste! Sie kommt überall mit. Und mit Lola könnte man den ganzen Tag spielen. Manchmal gehe ich mit dem Hund spazieren. Dem Bach entlang bis zum Wald oder im Frühling barfuss über die grünen Felder. Und im Frühsommer durchs gemähte und duftende Heu. Aber nur, wenn's die anderen Bauern nicht sehen!» Und sie rollte dabei bedeutungsvoll ihre grossen und runden, grünen Augen. «Ich hoffe, dass geht noch lange weiter so. Die Grosseltern werden schliesslich nicht jünger, sondern immer noch älter», bemerkte sie leise. Ihre Stimme wirkte plötzlich weniger lebhaft. Eher nachdenklich, fast schon traurig. Dabei fingerte sie an den Fransen ihrer Handtasche herum. Es tat Ina leid, wie sie das offensichtlich mitnahm. So versuchte sie sie aufzumuntern, indem sie sie fragte: «Was magst du denn so an deinen Grosseltern, Salomé?» Salomé schaute sie an und meinte ganz ruhig: «Sie haben immer Zeit und ein offenes Ohr für mich, wenn ich manchmal in der Schule Probleme habe. Meine Eltern nicht. Die haben nur ihre Arbeit im Kopf. Ich bin immer noch nur das Kind, obwohl ich nächsten Monat schon vierzehn Jahre alt werde. Die verpennen einfach alles. Sie ignorieren mich völlig. Was ich einmal beruflich machen möchte, scheint die gar nicht wirklich zu interessieren. Alles muss ich selbst organisieren». Ina hatte Verständnis mit der Kindfrau und sie versuchte unterstützend und klärend etwas beizutragen, so sagte sie: «Wenn deine Grosseltern nicht schon davon wissen, so könntest du sie um ihre Unterstützung bitten. Sie werden dir sicher gerne helfen. Sie könnten dann deine Anliegen deinen Eltern erklären und sie bitten, dass sie dich zukünftig wieder mehr im Alltag begleiten und unterstützen sollen. Man darf nicht aufgeben. Glaube mir. Zähle auf deine Verbündeten!» Salomé kniff einen Augenblick die Augen zusammen und zog dabei gleichzeitig ihre Unterlippe nach innen. Beim Wiederöffnen der Augen sagte sie schon wieder mit etwas mehr Verve in der Stimme: «Meinst du?»

Ina erwiderte: «Versuch's einfach!» Und so mussten beide plötzlich lachen. Die Anspannung war sichtlich verflogen. Plötzlich sah Salomé mit prüfendem Blick nach draussen und meldete an: «Uff, gleich sind wir in Olten. Ich muss ja aussteigen!» Schon griff sie flink nach ihrer dunkelblauen Reisetasche mit den gelben Smileys und bugsierte ihre braune Fransentasche über den Bauch Richtung linke Hüfte. Sie musste sich beeilen! Beim Herausschälen aus dem Abteil drehte sie sich nochmals überraschend um und rief Ina stolz zu: «Schnuppern bei einem Tierarzt als medizinische Praxisassistentin kann ich jedenfalls schon übernächste Woche!» Und ehe sich Ina versah, landete ein kleines Päckchen knapp vor ihren

Füssen. «Für dich», rief die Jugendliche. «Selbstgemacht! Oma kriegt auch eins!» Und weg war sie. Ina hob das kleine Geschenkpäckchen vorsichtig vom abgewetzten Abteilsteppichboden auf. Fummelte die Schleife auf und langte in die kleine Öffnung der Geschenkverpackung. In den Händen hielt sie ein lilafarbenes Baumwollsäckchen mit Lavendel. Lavendel zog Tante Marilène jeweils im Sommer auf ihrem südseitigen Balkon ihrer Wohnung im vierten Stock. Nahe des Rheins gelegen. Ina glaubte, plötzlich echten Lavendelduft zu riechen, obwohl sie anfangs davon immer kräftig niesen musste. Gleichzeitig hielt sie ihren Hals leicht vorgestreckt und den Kopf ein wenig nach oben gerichtet. Gerade so, als hätte sie damit das unverkennbare Parfüm aus der Luft erfassen können. Sie erwachte ruckartig aus ihren Erinnerungen: Sie musste ja das Abteil genauso verlassen und schnell umsteigen! Sie stürmte mit ihrer Handtasche in den Gang und fischte sich ihren Koffer nahe dem Ausgang. Der Kondukteur sah etwas unwirsch zu ihr hoch, gerade im Begriff, mit der Hand nach der Pfeife zu greifen, als sie sich endlich auf dem Treppenabgang zeigte. Er hielt kurz inne, liess den Arm wieder sinken und wartete zu, ohne die Pfeife an seine Lippen zu führen. Ina kletterte nun so schnell es ging, mit dem Koffer in der rechten Hand, die drei Stufen hinunter. Auf dem Perron angekommen, nickte sie dem Kondukteur freundlich zu. Nochmals Glück gehabt!

Der Anschlusszug fuhr mit zwei Minuten Verspätung in den Durchgangsbahnhof ein. Sie bekam auf dem Weg zur Unterführung die Durchsage mit. So war sie den Aufgang zum neuen Abfahrtsgleis gemütlicher angegangen. Kaum stand sie auf dem Perron, da quietschten die Bremsen des einfahrenden Zugs. Ina hätte sich am liebsten beide Ohren zugehalten. Stattdessen legte sie für einen Augenaufschlag die Stirn in Falten. Auch hier stiegen nur mässig viele Menschen in die Bahn. Ina betrat den Zugswaggon und suchte sich einen Platz nahe dem Ausgang. Die Sitzordnung war jetzt eine andere: Flugzeugbestuhlung, aufgebessert mit einigen Viererabteilen, die immer zuerst belegt waren. Kunststück. Deshalb wählte sie einen Fliegerreihensitzplatz links am Fenster aus. Die Grösse des Koffers erlaubte es ihr, diesen in den Zwischenraum zwischen Vordersitz und Gangsitzplatz ihrer Reihe zu platzieren. Sie zog die Kapuzenjacke aus und legte sie auf die kleine Ablagefläche, die gegen die Decke hin den ganzen Wagen seitlich durchlief. Und jetzt aufs Neue bis zur Ankunft im Bahnhof Basel einfach den

Gedanken nachhängen und vielleicht nochmal einen Versuch starten zu dösen? Sie fühlte sich sekundenlang beschwingt und wohlig warm in ihrem Körper. Aber die Vorfreude war nur kurzzeitig. Als der Zug sich in Bewegung setzte und Ina sich gerade gemütlich in den Sitz kuscheln wollte, begann aus einer hellbraunen Ledertasche ein Handy zu klingeln. Ein Mann sass direkt über den Gang auf dem inneren Sitz der gegenüberliegenden Sitzbestuhlung. Da hätten nur Ohrstöpsel oder Ohropax geholfen. Der Handyinhaber nahm sich unnötig Zeit, wie es schien, und dann drückte er vermutlich einfach auf das rote, runde Symbol im unteren Drittel, in der Mitte des Displays. Die Klingelmelodie des Handys verstummte augenblicklich. Zur Sicherheit wischte er von oben nach unten und tippte vorsorglich das Lautlossymbol an. Er hielt das Handy noch in den Fingern, als er sich zu ihr zum Gang hin leicht abdrehte und ein kurzes, trockenes «Sorry!» verlauten liess. Ina war ob so viel Aufmerksamkeit für Mitreisende überrascht. Sie stellte für sich fest, dass der Sitznachbar gegenüber Rücksichtnahme zeigte. So beeilte sie sich mit einer wohlwollenden Erwiderung und meinte daher freundlich zum Fremden: «Kann vorkommen! Es ist aber umsichtig von Ihnen.

Und Ihr kleines Sorry fand ich wirklich nett.» Der Mann schaute sie einen Augenblick aufmerksam und länger als nötig an – offenbar auch neugierig geworden – und fragte unverwandt: «Fahren Sie nach Basel?»

Ina war etwas erstaunt und bemerkte, dass sie die Frage überflüssig, ja etwas seltsam fand. Denn einen Zwischenhalt würde der Zug nicht einlegen ausser: einen ausserordentlichen. Sie kämpfte gegen aufkommendes Missfallen. Ein Gefühl von Unruhe und gleichzeitig von Starre nistete sich in ihrer Bauchhöhle ein. Sie verbarg ihre Gefühle vor dem Fremden und verscheuchte diese mit dem Gedanken, dass der Reisende einfach mit ihr ins Gespräch hatte kommen wollen. Formaler Auftakt zur Konversation sozusagen. Denn der Mann sah sympathisch aus: weltoffen und intelligent, locker und modisch gekleidet. Er trug ein fein verarbeitetes Hemd aus bester Qualität in Wasserblau, von sehr dezenten weissen Streifen durchbrochen, eine dunkelblaue, leichte Jacke sowie die passende Hose dazu. Auch dieses Ensemble wirkte aus edlem Stoff, wohlpräpariert gegen Knitterfalten. Die Füsse steckten in wunderschönen Lederschuhen: helles, weiches Kalbsleder, elegant im Schnitt und aufwendig in der Machart. Sie mussten bestimmt sündhaft teuer gewesen sein. Aber das waren sie es wert: made in Italy. Noch echtes Handwerk. «Geht's auf Reisen, vielleicht in den Urlaub?», versuchte der Sitznachbar ein weiteres Mal das Gespräch aufzunehmen. Und sie erwiderte nun gefasst und aufgeschlossen: «So kann man das nicht sagen. Ich verreise, aber ein Urlaub wird es bestimmt nicht werden. Eher eine Reise ins Ungewisse. Ich reise nach Basel, wo meine Tante wohnt. Und was haben Sie vor?», fragte sie zurück, um das Gespräch von ihr abzuwenden. «Ich fliege ab Basel zu einer Tagung nach Düsseldorf. Weiterbildung und Treffen anderer Kollegen aus meinem Fach. Europaweit. Ich bin Herzchirurg an einem Universitätsspital.» «Interessant!», meinte Ina anerkennend. Damit lag man immer richtig. Bei Menschen mit universitärer Bildung dieses professionellen Stands und sozialen Status war sie sich des richtigen Umgangs nie ganz so sicher. Ina versuchte, sich noch ein paar Zentimeter gerader im Sitz aufzurichten. Der Chirurg lächelte und meinte: «Ich liebe meinen Beruf. Es kommt einer Berufung gleich. Schon als Junge hatte ich nichts anderes im Kopf, als die Geheimnisse des menschlichen Organismus, der Organe und vor allem die des Herzens zu entdecken, zu verstehen lernen, zu begreifen. Im Studium waren die Wissensbildung und später die Erfahrungen in der Praxis natürlich ausschliesslich auf das biomedizinische Wissen ausgelegt, was auch absolut relevant und unbestritten essenziell bleibt. Keine Frage! Heute wissen wir jedoch, dass andere Dimensionen ebenso eine Rolle spielen. Fragen gibt es noch unzählige. Die Erkenntnisse sind schliesslich noch zu wenig umfassend. Vieles darüber ist also bis heute wissenschaftlich nicht gesichert. Was im Raum zurückbleibt, sind Mutmassungen. Ich spreche dabei konkret von der Transplantationsmedizin. Das Herz hat bekanntlich auch eine metaphysische Ebene.»

Ina war ihm bisher aufmerksam gefolgt. Nun brachte sie sich mit folgender Schlussfolgerung wieder zurück ins Gespräch: «Sie wollen damit hervorheben, dass das Herz ein besonderes Organ unseres Körpers symbolisiert, weil im Herzen, nach unserer jahrtausendealten Vorstellung, gleichzeitig auch unsere Seele sitzt?»

Der Arzt stimmte ihr zu, indem er antwortete: «Da haben Sie ganz recht. Damit stellen sich der Wissenschaft und auch der Gesellschaft medizinische und sozial-ethische Fragen. Auch darum wird es an der Tagung unter anderem gehen. Die Zeit drängt und ist reif, dass wir uns hinsichtlich der Zukunft damit verantwortungsvoll und wegweisend auseinandersetzen». Seine Stimme war dabei leidenschaftlicher geworden und ihr angenehmes Timbre breitete sich wie ein warmer Tonteppich zwischen ihnen aus, so hatte Ina das Gefühl. Sie liess einmal nur ihre Augenlider flattern; gleich dem sanften Flügelschlag eines Schmetterlings. Der Mann sah wirklich einnehmend aus. Seine dichten, leicht gewellten Haare sassen locker um den Kopf. Dabei hatte er sich eine kurze Strähne erlaubt, die ihm keck bei jeder leichten Bewegung in die Stirn fiel. Es entstand eine kleine Pause. Sie wirkte aber nicht unangenehm. Der Arzt lehnte sich anschliessend entspannt in den Sitz zurück und fragte: «Jetzt erzählen Sie aber, wenn Sie mögen, in welcher Mission Sie zu ihrer Tante fahren! Ich habe schon so viel geredet. Ich möchte Sie mit meinem Monolog nicht langweilen.» Ina räusperte sich und gab zur Antwort: «Sie langweilen mich überhaupt nicht. Im Gegenteil: Ich finde die Thematik interessant. Sie macht betroffen und regt zum Denken an. Ich selbst habe zwar nicht vor, meine Organe zu spenden. Ich kann mich mit dieser Vorstellung nun überhaupt nicht anfreunden. Was würde zum Beispiel ein Empfänger meines Herzens nach überstandener Operation wohl fühlen? Der Gedanke daran ist gespenstig. Gibt es nicht Berichte davon, dass Menschen mit einem fremden Herzen sich plötzlich für Dinge interessieren, die sie vorher nie begeistert haben? Oder dass sie auf einmal ganz andere Wesenszüge zeigen? Ich hoffe nur, dass meine Tante sich mit dieser Frage befasst hat. Oder gewillt ist, mit mir darüber zu reden.» Die letzten Sätze waren ihr einfach so herausgerutscht, was ihr jetzt irgendwie unangenehm war. Sie presste die Lippen zusammen. Als hätte sie den Zustand ihrer Tante dem Fremden damit schamlos preisgegeben. Der schaute ihr kurz und nachdenklich in die Augen, wie es schien, und meinte abschliessend: «Ich wünsche Ihnen und Ihrer Tante alles Gute. Auch viel Mut und Zuversicht.» Ina spürte, dass es von Herzen kam. Dann ging ein Ruck durch den Arzt und er sprach: «Bitte entschuldigen Sie mich, ich muss mich nun reisefertig machen, die Umsteigezeit ist wirklich knapp.» Der Chirurg stand vom Sitz auf, griff nach der Handschlaufe der Ledertasche und verabschiedete sich mit: «Es ist schön, Sie getroffen zu haben!» Ina ihrerseits erwiderte seine Grussworte und auch sie angelte nur wenig später ihre Kapuzenjacke aus dem Fach über ihrem Kopf, um sie sich überzuziehen. In genau drei Minuten würden sie in Basel einfahren.

Es herrschte ein beachtliches Gedränge. Auf dem Bahnsteig waren ziemlich viele Passagiere gleichzeitig unterwegs. Offensichtlich war auf dem gegenüberliegenden Gleis wenig früher ebenfalls ein Zug eingefahren. Ina zog ihren Koffer hinter sich her. Doch schon nach wenigen Schritten verselbständigte sich ihre blaue Handtasche und schnellte mit Schwung und Tempo zum wiederholten Mal den rechten Arm hinunter, Richtung Ellbogenbeuge zu. Diese Tasche! Ina presste stossartig Luft durch ihre Kehle, was einen leisen, aber unmissverständlichen Laut erzeugte. Und sie wusste plötzlich, warum sie so angespannt war: Sie war nervös. Sie stellte sich breitbeinig auf die Treppenstufe, fuhr die Rolltreppe hoch, durchquerte den breiten Aufgang Richtung Ausgang und liess sich von der nächsten Rolltreppe ins Erdgeschoss befördern. Schliesslich betrat sie vor dem Bahnhof das Trottoir. Vor ihr lag die Plattform, von der die meisten Tramlinien abgingen. Ein letzter Schritt und endlich stand sie am richtigen Ort. Sie atmete tief aus und liess die Schultern sinken. Noch zwei Minuten zeigte die elektronische Anzeige bis zur Abfahrt des Trams an und in zwanzig Minuten würde sie ihre Tante wiedersehen. Sie fragte sich still, warum sie eigentlich nicht schon viel früher zu ihr gefahren war.

Auch in der Strassenbahn war einiges los. Erstaunlich, wie viele Menschen kurz nach zehn Uhr morgens unterwegs waren. Es war chancenlos, sich Hoffnung auf einen Sitzplatz zu machen. Sie stellte sich hinter den hintersten Doppelsitz, den Koffer sicher zwischen Traminnenwand und der Aussenseite ihres linken Beins geklemmt. Ina schaute aus dem Fenster: die Fahrt konnte beginnen. Vieles kannte sie von früher: die Elisabethenanlage, der Barfüsserplatz und wenig später der Marktplatz mit seiner schönen Altstadthäuserfront und dem roten Rathaus. Anschliessend ging es schon Richtung Schiffländer zu. Würde man stattdessen davor nach links zu Fuss weitergehen, so würde alsbald das ehrwürdige Grand Hotel «Drei Könige» sichtbar werden. Aussen mit seinem Gemäuer, gleich einer Burg, würde es sich vor einem aufbauen. Drinnen mit seinem legendären Charme: dank der Innenarchitektur und seiner geschmackvollen Einrichtung wähnte sich jeder Gast unverzüglich in einer längst versunken geglaubten Welt. Unvergesslich dabei: der herrliche Ausblick auf den Rhein. Ins «Drei Könige» war sie früher ab und zu von Tante Marilène zu einer heissen Schokolade, gefolgt von einer süssen Kleinigkeit, eingeladen worden. Die Strassenbahn fuhr weiter und setzte zur Überfahrt über die «Mittlere Brücke» an.

An der nächsten Haltestelle wollte sie aussteigen. Ina rückte ihre Handtasche zurecht und machte sich parat.

Als sie aufsah, bemerkte sie, dass ein wacher Blick auf ihr ruhte, der von einem feinen Lächeln begleitet war. Die ältere Dame musste sich in der Zwischenzeit lautlos vom Sitz erhoben haben. Ina lächelte zurück. Da sprach die Dame zu ihr: «Darf ich Ihnen sagen, wie schön ich Ihre blaue Handtasche finde?»

Ina war perplex und ihre Augen weiteten sich überrascht. Sie erwiderte freundlich: «Oh, vielen Dank für Ihr nettes Kompliment.»

Die Mitreisende deutete daraufhin ein munteres Nicken an und meinte weiter: «Wissen Sie, ich hatte auch einmal eine ähnliche Tasche.»

Da fuhr die ältere Dame sinnierend fort, die Worte nur andeutungsweise von Gestik unterstrichen, umso mehr elektrisierte der Klang ihrer Stimme: «Moden kommen und gehen und doch unterliegen sie einem wiederkehrenden Gesetz. Vielleicht gerade so, wie es das Leben tut!»

Ina hatte ihre Gesprächspartnerin während der kurzen Fahrt so diskret als möglich betrachtet. Sie mochte um die siebzig sein, dunkle, schöne Augen, ausdrucksstark und umrahmt von schwarzem Kajal, einer feurigen Tangotänzerin ähnlich, kecker, wilder Haarschnitt. Silbergrau und gepflegt. Gekleidet hatte sie sich in verschiedene passende Rottöne. Weich und ineinanderfliessend. Ina staunte.

Aus den Augenwinkeln die Umgebung beobachtend, erkannte Ina, dass sie gleich aussteigen musste. Sie drückte auf den Halteknopf und das Tram hielt wenig später an. Als sie sich draussen von ihrer neuen Bekanntschaft verabschieden wollte, fasste die ältere Dame nach Inas rechtem Oberarm und schaute ihr, als wolle sie ein Bild vor sich studieren, sinnend ins Gesicht. Schlussendlich sagte sie: «Drum sollen wir unser Leben lieben und es leben, junge Frau. Leben Sie es, meine Liebe!»

Blind fand Ina die Hände der Älteren, umfasste diese sanft, drückte sie mit ihren eigenen für einen kurzen Augenblick. «Danke!», brach es leise aus ihr heraus. Auch sie spürte innerlich den Weckruf.

Ina sah der älteren Dame nach, wie diese Richtung Claraplatz weiterlief und sich überraschend plötzlich umdrehte und ihr kurz zuwinkte, ehe sie gänzlich aus ihrem Blickfeld verschwand, als wäre sie von einer Bühne abgetreten.

Auch Ina setzte zum Gehen an und nahm ihren restlichen Weg unter die Füsse. Bis zur Wohnung von Tante Marilène würde es bloss noch ein kleines Wegstück sein. Die frühere Nervosität, die während der Begegnung mit der Trambekanntschaft plötzlich wie weggeblasen war, hatte sich in Vorfreude verwandelt. Die Beunruhigung um den tatsächlichen Gesundheitszustand der Tante wollte sich als ein bedrohliches Etwas nun aber von einer Sekunde zur anderen erneut wieder ihrer Herzgegend bemächtigen. Ihr wurde davon ganz eng. Ina versuchte das Gefühl mit einem brüsken «Tasche nach oben platzieren» loszuwerden. Sie wollte sich auf das Wiedersehen freuen!

Die Hausfassade hatte seit ihrem letzten Besuch augenscheinlich einen neuen Anstrich verpasst bekommen. Die Liegenschaft war in mattem Gelb – es erinnerte an endlose Sanddünen – gestrichen worden. Die Fenster wurden dank einer Umrandung, vielleicht fünfundzwanzig Zentimeter breit, in Anthrazit hervorgehoben.

Das mehrstöckige Gebäude sah so frisch, aber auch fremdartig aus. Sie drückte auf den Klingelknopf, wo «M. Kazarowa», 4. Etage, zu lesen war. Die Klingelanlage, auch diese neuwertig. Ina kam es vor, als würde diese sie geradezu anstrahlen. Und als sie aus lauter Gewohnheit gerade im Begriff war, sich die weiteren Namensschilder vorzunehmen, vernahm sie bereits die etwas kratzige und damit so typische Stimme ihrer Tante mit: «Wer ist denn da, bitte?»

Ina musste sich mit der Zungenspitze schnell über die Lippen fahren. Sie fühlten sich plötzlich so unangenehm trocken an. Erst danach antwortete sie, anfangs noch mit einem leichten Scheppern in der Stimme: «Ich bin's, Tante Marilène, Ina!»

«Oh, das ist aber schön!», hörte sie ihre Tante freudig ausrufen. Und ihre Stimme wirkte noch etwas rauchiger als zuvor. «Komm einfach hoch. Der Weg ist immer noch derselbe!» Und sie fügte an: «Bis bald!»

Der Türöffner summte. Inwendig hatte sich kaum etwas verändert. Hier hatte man offensichtlich an weiteren Kosten sparen wollen. Laut dem Wartungsdatum des Liftherstellers war der Lift gerade erst gewartet worden.

Ina wunderte sich über sich selbst. Was ihr doch täglich stets an kleinen Dingen auffiel. Aber jeder hatte wohl irgendwelche Marotten. Als sie mit dem Koffer im Schlepptau aus dem Lift trat, erblickte sie schon von Weitem Tante Marilène inmitten der offenen Wohnungstür warten. Sekunden darauf standen sie sich für einen kurzen Moment gegenüber, sahen sich dabei nur still an, lächelten sich zu und schlossen sich schliesslich gegenseitig herzend in die Arme. Tante Marilène meinte gerührt: «Komm, komm doch endlich herein, Kind!»

Teil 3

Die beiden ungleichen Frauen lösten sich langsam wieder voneinander und Ina trat mit einem Schritt über die Schwelle, woraufhin die Tante die Tür ihrer Wohnung hinter ihrer Nichte leise ins Schloss zog. Da stand Ina also wieder in der Diele der Wohnoase von Tante Marilène und es dünkte sie, als wäre sie nie zuvor für eine so lange Zeit weggeblieben. Die Innenräume glaubte sie unverändert. Dieselbe schlichte Einrichtung, die auf den ersten Augenschein so unverstellt und praktisch war. So richtig wohnlich wirkte sie aber erst komplettiert durch die liebevoll ausgewählten Nippes da und dort, die den Besucher mit ihrer Strahlkraft verführten und ihn letztlich entspannt auf dem orangen Ledersofa Platz nehmen liessen. Vor allem die Erinnerung an ein Kuriosum zauberte ein Lächeln in Inas Gesicht: In jedem Zimmer hatte man mindestens eine Figur des bekannten Wüstentiers entdecken können. Mal hatte es sich eindeutig um einen Zweihöcker gehandelt, worauf einen im nächsten Raum, im Gegensatz zu vorher, auch ein Dromedar oder gleich eine gemischte Gruppe erwartet hatte. Selbst im Bad hatte ein goldschimmerndes Kamel aus Metall in

Form eines Papierspenders auf der gekachelten Ablagefläche gestanden.

Ina war gerade im Begriff, über die ihr bekannten Möbel und Dinge ihren Blick schweifen zu lassen, als Tante Marilène sich zu ihr umdrehte und sagte: «Nimm doch bitte Platz, meine Liebe, und fühle dich ganz wie zu Hause.» Dabei zwinkerte sie ihr in ihrer verschmitzten «Tante Marilène-Weise» zu. Ihre Lachfältchen um die Augen zeichneten sich dabei noch tiefer ab als früher. «Ich will nur ganz kurz in die Küche», erklärte sie. «Jetzt vertragen wir beide sicher eine Kleinigkeit, findest du nicht auch?» Und schon war sie, ohne Inas Zustimmung abzuwarten, in die Küche entschwunden.

Ina setzte sich auf das Sofa und wiegte sich gedankenversunken in der Hüfte hin und her, gerade so, als wäre sie etwas, das in das Obermaterial des Sofas eingearbeitet werden müsste.

Kurz darauf kam Tante Marilène mit einem dampfenden Krug voll Tee und zwei Henkeltassen auf einem Serviertablett daher und stellte alles auf den Esstisch. «Oh, jetzt habe ich glatt den Kuchen vergessen. Komme gleich wieder zurück!»

Auch da war ihre Tante offensichtlich noch ganz die Alte: immer auf Trab und auf Zack! Mit kleinen, schnellen Schritten brachte sie schliesslich die zwei mit Himbeerkuchen beladenen Dessertteller Richtung Esstisch.

Ina setzte sich mit an den Tisch. Ihr war nicht entgangen, dass ganz zum Schluss, bevor die Tante die Kuchenteller auf die Tischplatte hatte stellen können, ihre Hände dabei geflattert hatten. Das Gesicht der Tante war plötzlich fleckig geworden und auf ihrer Stirn hatte sich ein leichter Schweissfilm abgezeichnet. Ina schaute beschämt auf ihren Teller, als wäre sie ungewollt von etwas Zeugin geworden. Dabei dauerte der Augenblick so schmerzlich lange an, einem gefühlten Stolpern gleich – oder kam es einem kaugummiartigen Dehnen der Zeit näher? Zu guter Letzt wurde ihr ganz kalt.

Die Tante tat hingegen, als wenn nichts gewesen wäre. Stattdessen nahm sie die eigentliche Unterhaltung im Plauderton auf: «Übrigens habe ich diese neue Teemischung aus ‹unserem› Laden gekauft. Du weisst schon, aus dem Geschäft, wo wir zwei früher immer so gerne hingegangen sind. Ich versichere dir, dass er noch unbestritten der bestgeführte Teeladen von ganz Basel ist! Die

Mischung hier heisst ‹Red Luck›. Also Rooibos mit Ingwer und Anis. Ich dachte mir, dass passt ganz gut.»

«Hm, gut riecht der Tee!», rief Ina etwas lauter als beabsichtigt aus. Es machte den Anschein, als hätte sie sich selbst von ihren verbliebenen Lebensgeistern überzeugen müssen. Sie hielt ihre Nase über der kleinen Dampffahne ihrer Tasse, welche sie mit beiden Händen umschlungen hielt, als würde sie am liebsten in die Tasse hineinschlüpfen. Endlich hatte diese unangenehm empfundene Kälte von vorher eben wieder von Ina abgelassen, die, wie ein wildes Tier mit seinen Krallen versucht hatte, nach ihr zu greifen. Entschlossen und voller Vorfreude auf den schmackhaften Kuchen, griff Ina zur Dessertgabel und steckte den ersten Bissen in den Mund, kostete ihn genüsslich und lachte Tante Marilène mit den Worten an: «Oh, wie immer: Der Kuchen ist einfach köstlich!»

«Wie war eigentlich deine Reise?», fragte Tante Marilène.

«Erstaunlich angenehm!», gab Ina gerne Auskunft. «Mit der Bahn war es ganz entspannt und ich traf immer wieder auf eine interessante und nette Reisebegleitung.

Das kommt heute ja nicht mehr oft vor», fügte sie noch an und dachte dabei an den sympathischen Herzchirurgen zurück. Der hatte wirklich etwas an sich gehabt, das sie angezogen hatte. Vor allem hatte der Mann mit ihr ungezwungen und auf Augenhöhe kommuniziert. Zur Tante sagte sie lediglich: «Weisst du, ich begegnete dabei einem aufgeweckten Mädchen, einer beeindruckenden älteren Dame und obendrauf führte ich noch ein anregendes Gespräch mit einem Arzt!»

«Das klingt ja richtig spannend», schmunzelte Tante Marilène. «Es ist immer vorteilhaft, wenn man mit fremden Leuten ins Gespräch kommt. Vor allem über alle Generationen hinweg. Das öffnet den Horizont», fügte sie noch an. «Aber erzähle doch mal ein bisschen von dir! Was hast du denn die letzte Zeit so gemacht? Es ist lange her, seit du das letzte Mal hier gewesen bist. Nach dem angefangenen Studium hast du doch etwas mit Perücken machen wollen, stimmts? Und hattest du nicht einen Freund, der Fabian hiess?»

Ina schaute sie an und korrigierte: «So ähnlich, Fabiano. Aber das war irgendeinmal vorbei. Vater hatte ihn ja nie leiden können und Mutter war dagegen zu schwach gewesen. Später traf ich Leander, der mittlerweile auch

Schnee von gestern ist», resümierte Ina lapidar.

«Schade», meinte die Tante mit echtem Bedauern in der Stimme. «Das tut mir leid! Aber es wundert mich nicht. Bertrand, mein Bruder, ist schon immer schwierig gewesen», stellte sie konsterniert und mit leicht bissigem Unterton fest. «Das ist in unserer Kindheit nicht anders gewesen. Als älterer Bruder war er keine Freude. Ganz im Gegenteil, er war ein ausgesprochener Eigenbrötler; weder ein Beschützer noch ein Spielkamerad. Und wenn es darauf ankam, sogar ein elender Petzer. Als Jüngere war ich die Mutigere von uns beiden und am Ende musste *ich* immer die Sache ausbaden. Trotzdem habe ich mich deswegen nie verbiegen lassen. Weder als Kind noch als erwachsene Frau! Als dann viel später der Unfall mit Driss passiert ist, habe ich nur deiner Mutter und dir zuliebe weiteren Kontakt gehalten. Einfach unglaublich, wie mein Bruder sich damals benommen hat. Ein unsäglicher Ignorant! Das wird er auch sein Leben lang bleiben!» Ihre Stimme war dabei scharf wie ein Messer geworden, bevor sie abrupt verstummte. Leiser – die Ratlosigkeit schien sich jetzt wie ein Nebelschleier über ihre Stimme zu legen – schickte sie fragend hinterher:

«Warum in aller Welt hat mein Bruder überhaupt geheiratet? Das ist schon absurd!»

Ina nahm ihrer Tante die letzte Feststellung nicht übel. Sie hatte früher öfters mit ihr über ihr verkorktes Verhältnis zu ihren Eltern geredet. Damals hatte Tante Marilène immer wieder verständnisvoll reagiert und aufmunternde Worte für Inas Probleme und Umstände gefunden. Zwar hatte sie auch damals nie einen Hehl daraus gemacht, dass sie ihren Bruder grundsätzlich weder sonderlich schätzte noch früher besonders gemocht hatte. Ina konnte es ihr nicht verübeln. Seit dem Abbruch des Studiums hatte ihr Vater noch weniger Interesse für ihr Leben gezeigt. Einzig ihre Mutter hatte versucht, weiterhin Kontakt zu halten. Sie sorgte sich um ihr Wohlergehen und wohl auch um ihre Zukunft. Jedenfalls glaubte Ina, in den letzten kurzen Telefongesprächen mit ihr so etwas herausgehört zu haben.

Sie räusperte sich und schloss das Thema: «Geändert hat sich, wie du siehst, seither eigentlich nichts. Reden wir doch besser von meinem Beruf oder über sonst etwas. Ich habe mir zum Beispiel in den vergangenen Jahren eine neue Existenz mit einem eigenen Geschäft aufbauen können. Du hast ganz recht. Ich habe mich nämlich zur

Perückenknüpferin ausbilden lassen. Heute habe ich genug Arbeit, dass ich davon leben kann», erzählte sie mit zunehmender Lebendigkeit. Dabei musste Tante Marilène nichts davon erfahren, dass sie momentan in einer finanziell heiklen Situation steckte und sich persönlich in einer Umbruchsphase befand.

Tante Marilènes Miene hatte sich während des Zuhörens aufgeheitert. Sie griff spontan nach der rechten Hand ihrer Nichte, drückte diese anerkennend und verkündete gerührt: «Wusste ich es doch! Schon immer habe ich an dich geglaubt. Herzliche Gratulation, Liebes!»

Tante Marilène war schmaler geworden und ihre Erscheinung wirkte zart, fast schon mager, was aber erst nach und nach in der Wahrnehmung als Feststellung einsickerte. Sie war auch früher nie füllig gewesen. Trotzdem war ihre Taille augenfällig dünn geworden. Zudem irritierte Ina eine weitere Veränderung: Nämlich die Tatsache, dass sich die Tante in einen glockigen, knielangen Jupe und einen dünnen Feinstrickpullover, beides in sattem Petrol, präsentierte. Ina war sich sicher, weder als Kind noch als Jugendliche, sie je in einem Kleid oder einem Rock gesehen zu haben. Auch als Erwachsene kleidete sie sich in ihrer Erinnerung ausschliesslich in Hosen. Seltsam. Und noch etwas: Da waren deutlich tiefe Augenringe unter ihren braunen Augen zu sehen und ihre Gesichtshaut hatte einen merkwürdigen ungesunden Teint.

Als hätte die Tante Inas Gedanken bereits erraten, bemühte sie sich ganz unbekümmert zu wirken, als sie zu ihr sagte: «In einem solchen Aufzug hast du mich wohl sicher noch nie zu Gesicht bekommen. Aber weisst du, so fühle ich mich weit besser. Denn seit ich etwas weniger auf die Waage bringe als die Jahre zuvor, sitzen meine schicken Hosen und Overalls ja sowieso nicht mehr. Das hat mich richtig geärgert und gleichzeitig so deprimiert, dass ich vor einem halben Jahr beschlossen habe, keine neuen mehr zu kaufen und mich stattdessen mit Kleid, Rock oder ausnahmsweise auch einmal mit einer Tunika zu begnügen. Wenn schon, dann richtig! Du kennst deine Tante ja», und sie versuchte, erneut ein Lächeln zur Beruhigung hinterherzuschicken.

Ina realisierte, dass jetzt genau der richtige Zeitpunkt gekommen war, mehr über den Hergang der Krankheitsgeschichte ihrer Tante in Erfahrung zu bringen. Sie musste Tante Marilène bitten, ihr davon zu erzählen.

Das kostete Ina nicht wenig Überwindung. In der Familie wurde nur ungern über Krankheit gesprochen. Krank waren immer nur andere gewesen: der ältere Nachbar mit dem drolligen Dackelhund, die ehemalige, nette Klassenlehrerin oder der pensionierte Apotheker im Quartier. Und Ina erinnerte sich nur zu gut, wie dem einen oder anderen von ihnen das Stigma des Makels auf die Stirn gebrannt wurde. Langsam schleichend brachte es den Gezeichneten letztendlich den gesellschaftlichen Ausschluss. Krankheit obsiegte so gründlich: nicht nur schicksalshaft individuell.

Ina rückte ihren Stuhl noch etwas näher zum Tisch, eigentlich ein völlig sinnloser Akt! Die Tischkannte drückte ihr dabei unangenehm gegen den Magen, aber sie tat es trotzdem! Sie musste etwas «in Bewegung bringen». Beginnen, etwas behutsam aufzuschliessen. So fing sie an mit: «Tante Marilène, darf ich dich etwas fragen?»

«Natürlich, frag mich», antwortete die Tante. «Was möchtest du wissen?» Es schien, als ob sie Inas Gedanken längst voraus war. Sie schenkte ihrer Nichte noch ein extra Lächeln, das sie gleichzeitig mit einem aufmunternden Nicken unterstrich.

Ina fasste sich ein Herz und begann, anfangs noch mit etwas flattriger Stimme, zu sprechen: «Was genau fehlt dir, Tante Marilène? Wann hast du erfahren, dass du krank bist?»

Die Tante lehnte sich in ihrem Stuhl zurück, sah ihr in die Augen und begann zu erzählen: «Angefangen hat alles damit, dass ich mich vor knapp einem Jahr plötzlich und beständig müde gefühlt habe. Eine Müdigkeit, wie ich sie in meinem Leben davor noch nie gekannt habe. Also versuchte ich zuerst, mein Augenmerk auf eine gesunde Lebensweise zu legen: Ich ass und kochte nun noch abwechslungsreicher und achtete auf naturbelassene Nahrungsmittel, ging früh zu Bett und unternahm wieder regelmässig Spaziergänge an der frischen Luft, dem Fluss entlang oder anderswo. Aber es wurde einfach nicht besser! Eines Tages, bei einem Treffen mit einer guten Freundin, meinte diese, ich sähe irgendwie so bleich und ungesund aus. Das gab mir den Rest. Das heisst, da beschloss ich, beim Hausarzt vielleicht doch einmal einen Check-up machen zu lassen. Die Praxisassistentin war immer noch dieselbe und sie gab mir in der gleichen Woche einen Termin. Als hätte ihr etwas geschwant! Nach der praktischen Routineuntersuchung fand sich zuerst nichts Auffälliges. Aber der Arzt war irgendwie beunruhigt. Er rechnete erfahrungsgemäss mit mehr Aufschluss, fussend auf den Blutuntersuchungen. Und er sollte recht behalten. Die Blutwerte waren alarmierend. Der Eisenwert war im Keller, gefolgt von einer ausgeprägten Anämie. Und im Labor wurde auch noch Blut in der Stuhlprobe vorgefunden. Nach der Darmspiegelung bei der Patientennachbesprechung blickte ich in ein besorgtes Gesicht der Fachärztin. Da wusste ich Bescheid», meinte Tante Marilène trocken.

«Die Gastroenterologin sprach ruhig und bemüht um Sachlichkeit, als sie zu mir sagte: ‹Es tut mir wirklich leid, Frau Kazarowa, Sie haben eine pathologische Veränderung im Dickdarmbereich. Ich werde sie deshalb baldmöglichst operieren müssen.›

‹Also Krebs?›, brachte ich da noch tonlos hervor», erzählt Tante Marilène erinnernd weiter.

«‹Ja, so ist es. Aber es gibt Therapiemöglichkeiten. Im Allgemeinen sind die Heilungschancen signifikant gestiegen. Aber eine genauere Diagnose lässt sich erst nach weiteren Untersuchungen stellen. Sie erhalten von uns daher baldmöglichst einen Besprechungstermin bezüglich des Behandlungsprozederes. Dann werde ich gerne Ihre Fragen zu den nächsten Schritten, zu möglichen weiteren Therapien und so weiter beantworten. Ängstigen Sie sich nicht. Überdenken Sie alles in Ruhe. Aber wir wollen keine Zeit verlieren»».

«Und dann bist du zum Termin gegangen?»

«Ja, was sollte ich sonst tun? Sicher nicht kapitulieren! Am achten Tag nach der Hiobsbotschaft hat mir die Ärztin bei einem Gespräch alles erklärt. Ich muss rückblickend sagen, dass sie sich dafür wirklich Zeit genommen hat. Ich habe dann nochmals kurz darüber nachgedacht. Auch meine Freundin, welche mich damals auf mein Aussehen angesprochen hat, weihte ich ein. Es gibt dir ja auch noch eine andere Meinung dazu, nicht? Ich willigte also zur Operation ein. Sie fand vierzehn Tage nach der Darmuntersuchung statt. Sie verlief zufriedenstellend und ich erholte mich recht gut davon. Doch das war nicht alles! Bald darauf musste ich mit der Strahlen- und Chemotherapie im Wechsel beginnen, denn der Krebs hatte sich auch schon in Leber und im Bauchraum breitgemacht. Zuerst schien es so, als dass die Therapie anschlagen würde. Aber dann kam der Rückfall. Danach wagten die Ärzte nochmals eine Chemotherapie, die ich kaum noch vertragen habe. Das Immunsystem war schon zu angegriffen, zu geschwächt. Die Bekämpfung war dann auch erfolglos. Eine Heilung wurde damit unrealistisch, faktisch ausgeschlossen. Weitere Therapien würden lediglich lebensverlängernd sein. Der Kampf ist verloren, Ina. Die Ärzte geben mir noch ungefähr zwei, drei Monate. Es bleibt uns also nicht mehr viel Zeit. Die wollen wir aber nutzen. Weisst du, es ist für mich ein grosses Glück, dass du nun da bist!»

Und sie schaute ihre Nichte fest und gleichzeitig mit glänzenden Augen an. Im Esszimmer war es für einen Augenblick ganz still, dann beugte sich die Tante vor und die Nichte streckte ihre Arme über den Tisch aus. Beide ergriffen sie die Hände der anderen.

In den ersten zwei, drei Wochen verbrachten sie viel Zeit mit Gesprächen, kleinen Spaziergängen und mit Ausruhen oder Lesen auf dem Sofa. Selten gingen sie zusammen zwischendurch zu Kaffee und Kuchen in die Innenstadt oder an den Rhein. Einmal hegte die Tante den Wunsch, eine Kunstausstellung am Rande der Stadt zu besuchen. Nach einer Dreiviertelstunde mussten sie sich zur Erholung ins dazugehörende Restaurant zurückziehen. Erst danach war an eine Rückkehr mittels Tram überhaupt wieder zu denken, denn ein Taxi zu bestellen, das schlug die Tante vehement aus. Mit dem Freundeskreis telefonierte oder korrespondierte Tante Marilène regelmässig und sooft es ihre Kräfte zuliessen. Besuche mochte sie keine mehr auswärts machen. Den Hin- und Rückweg jeweils unter die Füsse zu nehmen war zu beschwerlich geworden. Nur einmal hatte sie ihren langjährigen, letzten Partner nach Inas Zeit zu sich eingeladen. Ina hatte ihn einmal nur kurz auf einem Bild gesehen, das die Tante ihr erst kürzlich gezeigt hatte.

So meinte Tante Marilène wenige Tage darauf: «Bloss noch zum Kaffeetrinken, Ina! Ich lade Franciszek nur noch zum Kaffeekränzchen zu mir ein», lachte und rollte dabei theatralisch ihre braunen Augen, gleichzeitig hing doch für einen Wimpernschlag lang Wehmut in ihren Mundwinkeln. Ina blieb das nicht verborgen.

Franciszek liess nicht lange auf sich warten und stand bereits schon anderntags mit einem Gedicht von einem Blumenstrauss, einer herbstlichen Symphonie gleich, vor der Wohnungstür. Er war eher klein gewachsen, trug mit Stolz seinen Altherrenbauch vor sich her und setzte mit dem Seehundschnauzer dem Lächeln eines wissenden

Charmeurs noch eins drauf. Sein Haar war voll, schwarz-glänzend und mit viel Pomade streng nach hinten frisiert, was alles zusammen etwas zu überkandidelt wirkte und den Eindruck eines Gigolos erweckte. Was die hasel-nussbraunen Augen, wenn sie vergnügt funkelten und blitzten – und das taten sie recht oft – gleich wieder wettmachten und entkräfteten. Inas Intuition musste richtig sein: Ein Mann mit Feuer, dass die Funken springen. Auch in späten Jahren noch!

Die Tante bat ihren früheren Lebensgefährten herein, sie lächelten sich warm zu und umarmten sich. Dem vor-maligen Zerwürfnis, das, laut der Tante, später schluss-endlich zur Trennung zwischen den beiden geführt hatte, war eine freundschaftliche Wärme und Zuneigung für den anderen gefolgt. Franciszek wusste Bescheid, denn Marilène hatte ihn ohne grosses Aufsehen über ihr Schicksal schon bei früherer Gelegenheit ins Bild gesetzt. Franciszek war ursprünglich vor über fünfzig Jahren als junger Mann aus den Masuren Polens in die Schweiz eingewandert. Suchend nach einer Zukunft; nach einem Leben in Frieden und einem vernünftigen Auskommen. Er war gelernter Uhrmacher. Er hatte in verschiedenen Werken sein Können bewiesen und mit den Jahren verfeinert, bevor er dann in den Achtzigern den Schritt in die Selbständigkeit gewagt hatte. Bis zu seiner Pensionierung war er sein eigener Herr gewesen. Der Maestro hatte ein weitherum gefragtes Uhrengeschäft mit dem Sortiment bester und teuerster Schweizer Markenarmbanduhren in Basel geführt. Seine Kundschaft war ihm treu geblieben, dank seines feinen Gespürs für menschliche Schwächen und den Lieferanten gegenüber, hatte er mit schlafwandlerischem Geschick operiert. Als Mensch war er ein ausnehmend kurzweiliger Unterhalter, ein anregender Gesprächspartner, was sicher auch auf seine Fähigkeit des Zuhörens zurückzuführen war. Das war auch Ina nicht entgangen. Er erheiterte sie besonders mittels seines Witzes und Schalks. Ina konnte sich lebhaft vorstellen, dass die beiden früher ein perfektes Paar abgegeben haben mussten. Es wurde ein unterhaltsamer und fast schon ausgelassener Nachmittag. Es wurde viel gelacht, indem sich die ehemaligen Verliebten an frühere Anekdoten erinnerten und diese für Ina zum Besten gaben. Und als der Nachmittag begann, zunehmend lange Schatten zu werfen, übertraf sich Franciszek zu guter Letzt mit dem Erzählen verrückter Geschichten aus seiner Kindheit, bekanntlich angesiedelt in den Masuren, welche er für die beiden Frauen – und wohl ein kleines bisschen auch für sich selbst – aus seinem Fundus kurzum neu zusammenfabulierte. Damit wurde die nachmittägliche Zusammenkunft, für jeden der drei auf seine ganz besondere Art und Weise, unvergesslich!

Am Morgen danach wagte Ina sich an ein anderes Stück gemeinsame Vergangenheit heran. Getragen von der gestrigen Begegnung mit Franciszek – Tante Marilènes letzter offiziellen Liebe, – brannte ihr folgende Frage auf der Seele: Was war eigentlich damals genau mit Driss passiert? Als Ina Kind war und auch später hatte man in der Familie nie darüber gesprochen. Auch die Tante hatte bis heute, ausser dieser paar bissigen Kommentare nach ihrem Kommen, nie mehr als ein paar Worte ihr gegenüber darüber verloren. Aber Ina wusste genau, dass ihr in dieser Hinsicht vieles bis heute verschwiegen worden war. Dem wollte sie auf den Grund gehen. Sie waren eben mit dem Morgenessen fertig geworden.

«Tante Marilène … », begann Ina sich nach den rechten Worten vorsichtig vorzutasten. Gleichzeitig knetete sie ihre Papierserviette mit der rechten Hand futsch. Jetzt kam sie auf den Punkt: «Tante Marilène, wir haben, seit ich bei dir bin, viel zusammen geredet über die Vergangenheit, auch über die Familie. Erzähle mir doch deshalb bitte mehr über Driss und was damals wirklich passiert ist!»

Tante Marilènes Blick verschattete sich, ruhte einige Sekunden lang dunkel auf dem Blumenstrauss von Franciszek, bevor sie dann die Stimme erhob und zu erzählen begann: «Driss, dein Onkel, und ich haben uns 1971 kennengelernt. Das kam so: Eines Sonntags bin ich der Einladung einer Freundin gefolgt. Meine frühere Arbeitskollegin zeigte mir ihre neue Umgebung, die Altstadt Neuenburgs, wo sie nun lebte. Später spazierten wir der Uferpromenade des Sees entlang. Es war ein schwüler Sommertag und wir gönnten uns ein Eis. Auf dem weiteren Fussweg kollidierte ich dann mit einem Fahrradfahrer, weil ich – abgelenkt durch unsere an-geregte Plauderei – im selben Moment einen uner-warteten Schritt gegen die Mitte des Fusswegs getan habe. Der Zusammenstoss hat keinen von uns beiden ernsthaft verletzt. Anschliessend hat uns der Fremde ins nahgelegene Restaurant mit Blick über den See zu einem Drink eingeladen. Das ist die erste Begegnung mit Driss gewesen. So hat alles begonnen!»

Tante Marilène räusperte sich und warf einen prüfenden Blick in ihre Kaffeetasse. Dann nahm sie den Faden wieder auf.

«Wir mochten uns sofort und sind dann schnell ein Paar geworden. Es hat einfach alles gepasst! Driss war Restaurator und arbeitete an den Wandmalereien in Avenches. Seine Eltern waren jüdischstämmige Russen, die eine Vorahnung gehabt haben müssen, als sie anfangs Dreissigerjahre durch halb Europa bis nach Marseille gereist waren. Buenos Aires sollte ihr Zufluchtsort werden und einen Neuanfang bedeuten. Die gekauften Passagierkarten stellten sich aber als überzählig, als glatte Fälschung heraus. Dem jungen Paar blieb nur noch die Überfahrt über das Mittelmeer. Das nächste Schiff mit den billigsten Fahrkarten legte nach Tunesien ab. Aus Dank und zur Erinnerung an jenen Taxifahrer, der sie die ersten Wochen nach ihrer Ankunft als Menschen behandelte und mit dem Allernötigsten versorgt hatte, hiessen sie ihr erstgeborenes Kind Driss. Danach folgten Lamine und Noura. Sie sind beide ähnlich alt wie ich. Wir haben all die Jahre über Kontakt gehalten. Das ist kurzgefasst Driss' Familiengeschichte.» Marilène griff unerwartet in ihre linke Hosentasche und legte ein kleinformatiges, blassfarbiges Bild vor Ina auf den Tisch. «Schau, ich habe beim Aufräumen und Ordnen meiner persönlichen Sachen dieses Bild gefunden. Driss hatte es mir damals ungefragt zugesteckt. Er, der sich nur ungern fotografieren liess», schloss sie und legte das Bild wie eine Kostbarkeit behutsam vor ihre Nichte auf den Esstisch.

Ina fasste die Fotografie zart am unteren rechten Rand und betrachtete einen gutaussehenden, grossen und schlanken Mann, geschätzt auf anfangs dreissig. Dabei fielen ihr sofort die grossen Hände mit den langen Fingergliedern auf. Er schaute ernst, ja schon melancholisch, und gleichzeitig konzentriert und wach in Richtung Fotografen. Er trug das braune, gekrauste Haar seitlich kurz, um es vorne hingegen länger und zu einer Welle geformt elegant in die Stirne fallen zu lassen.

«Hat Driss eigentlich grüne Augen gehabt?», fragte Ina.
«Ja, sehr grüne Augen, sogar», antwortete die Tante versonnen.
«Ich glaube, ich hätte ihn sehr gemocht», brach es aus Ina heraus. Tante Marilène räusperte sich und erwiderte: «Ganz bestimmt hättet ihr euch gut verstanden. Er war ein ruhiger Charakter, charmant. Ein richtiger

Familienmensch eben. Willst du hören, wie es weiterging?»

Ina nickte.

«Eines Tages fragte mich Driss, ob ich es mir vorstellen könnte, in Tunesien zu leben. Der grosse See, angeschmiegt an den Jura, mochte seine unbändige Sehnsucht nach dem Meer und den Menschen seiner Kultur und Herkunft nicht mehr zu stillen. Ich sagte ja, denn, wo immer er sich lebendig fühlen würde und sich mit mir ein zukünftiges Leben vorstellen konnte, wollte auch ich meine Wurzeln ausstrecken und versuchen, in die Erde zu schlagen. Wir begannen uns also ein Leben in Tunesien aufzubauen. Seine Familie, seine früheren Kontakte waren hilfreich dabei. Ich fand Arbeit bei der Schweizer Botschaft, Driss als Restaurator im Nationalmuseum Le Bardo in Tunis. Wir lebten bescheiden, aber wir waren glücklich bis zu jenem Tag, der alles verändert hatte: Driss wurde unter einer umstürzenden Statue begraben, als jene sich während des Transferierens in einen anderen Museumsraum überraschend aus der sichergeglaubten Verankerung gelöst hatte. Er wurde dabei so unglücklich von ihr getroffen, dass jede Hilfe zu spät kam, trotz des sofortigen Alarmschlagens seines verzweifelten Kollegen am Unfallort. Der seltsame Unfallhergang wurde nie restlos aufgeklärt. Nur der Halt innerhalb seiner Familie war mir damals Stütze und Trost und gab mir Kraft, weiterzumachen. Doch ich ertrug die Erinnerungen nicht und entschloss mich nach einigen Monaten zur Rückkehr. Wie hätte ich in dem Land weiterleben können, das mir das Liebste genommen hatte?», sinnierte Marilène.

Ina schluckte einmal leer und stiess dann hervor: «Wie ging es dann weiter. Was hat Bertrand damit zu tun?»

«Bertrand», artikulierte die Tante jeden Buchstaben langsam und spitz betont, «bleibt ein Besserwisser und vor allen Dingen ist er ein Menschenhasser geworden. Vielleicht, weil er sich selbst nicht leiden kann. Wahrscheinlich hat er mir darum nach dem Tod und Verlust von Driss nie sein Beileid ausgedrückt. Im Gegenteil, er wurde damals nach dem Unfall nicht müde, wiederholt seinen Standpunkt zu äussern, dass die Wahl des Lebenspartners und die nachfolgende Auswanderung seiner Schwester schon grundsätzlich eine Fehlent-scheidung gewesen sei. Ein Unfall also, der sozusagen nie hätte passieren müssen. Wer kann das verstehen?»

Jetzt griff die Tante erneut nach der Kaffeetasse und leerte mit einem abrupten Zug den übriggebliebenen Schluck.

Eine kurze Pause entstand, gefolgt von Stille, die sich wie weisse Tücher über alles legte. Doch die alte Pendeluhr im Raum widersetzte sich und schlug unbeirrt zehn Schläge an. Ina fühlte mit ihrer Tante und gleichzeitig beschlich sie ein Gefühl, mitschuldig zu sein, obwohl sie damit doch nichts zu tun hatte. Sie raffte sich innerlich auf und erhob leise ihre Stimme: «Vielen Dank, dass du mir das alles erzählt hast. Es tut mir sehr leid, was passiert ist. Driss und du, das muss eine grosse Liebe gewesen sein.»

«Ja, das war es!», flüsterte Tante Marilène mit brüchiger Stimme und stellte die Tasse sachte auf den Esstisch an ihren Platz zurück. «Ganz verloren habe ich ihn nie.»

Ina hatte am Tag nach der Geschichte begonnen, nach Anleitung von Marilène, ihre gemeinsamen Lieblings-speisen von früher zu kochen, denn das längere Stehen bereitete der Tante zusehends Mühe. Tante Marilène erwies sich dabei als eine geduldige Lehrmeisterin, denn das Kochen hatte für Ina bis dahin eigentlich nie einem inneren Bedürfnis als vielmehr einer alltäglichen Notwendigkeit entsprochen. Wenn Ina den Kochlöffel schwang, ruhte Marilène sich aus oder sass währenddem am kleinen Küchentisch, gab ihr den einen oder anderen Tipp, trieb Schabernack oder sie erzählten sich Anekdoten aus den letzten Jahren.

Seit sie krank geworden war, hatte die Tante sich zur Gewohnheit gemacht, sich abends zeitig schlafen zu legen. Ina nutzte dann den angebrochenen Abend, um Zeit für sich zu haben. Sie gewöhnte sich an, selbst früher zu Bett zu gehen. Eines Abends sass sie wieder allein am Esstisch im Salon und recherchierte. Sie machte sich im Netz über die Reisemöglichkeiten über das Mittelmeer schlau. Fliegen oder mit dem TEE nach Marseille und weiter mit dem Schiff? Sie wollte nach dem ersten Wunsch der Tante nun den zweiten in Erfüllung gehen lassen. Als Ina und Tante Mariène es sich eines Nachmittags wieder gemütlich machten – jede für sich ein Buch in der Hand und auf dem Salontisch beigestellt ein dampfender Jasmintee im bauchigen Krug, – eröffnete sie der Tante: «Marilène, ich habe eine Reise nach Tunis gebucht. Abfahrt in acht Tagen! Es war doch dein Herzenswunsch, dass du nochmals diesen Flecken Erde betreten, das gleissende Licht über dem endlosen Wasser betrachten oder das Feilschen der Händler im Souk miterleben kannst. Du hast mir so viel aus deinem Leben mit Driss in Tunesien erzählt. Stell dir vor, Tunis ist unser Ziel!»

Tante Marilène hob langsam den Blick und wollte das aufgeschlagene Buch vorsichtig mit den Seiten nach unten auf ihre Knie legen, doch die Buchseiten drängten zusammen und schlossen sich vorzeitig. Ihre Hände zitterten leicht, während sie ihr Gesicht anhob, sich ihrer Nichte zuwandte und sich räusperte: «Ina, Liebes, glaube mir, mit dir würde ich gern ein letztes Mal nach Tunis reisen, aber ich bin gesundheitlich schlecht dazu in der Lage, eine solche Reise zu bewältigen. Erinnere dich an unseren Ausflug an diese Ausstellung! Wie war ich doch unerwartet plötzlich so gänzlich ohne jegliche Kraft gewesen. Einfach fix und fertig!»

Ina liess, währenddem ihre Tante ihre Einwände ins Feld führte, die Fingergelenke der linken Hand leise nacheinander knacken und entgegnete ihr: «Ja, da hast du doch aber einen besonders schlechten Tag gehabt, wie danach nie mehr! Du hast es dir doch so gewünscht! Und ich will doch Wort halten und dir den Wunsch erfüllen.

Versuch es doch, bitte! Wenn nicht, wirst du es später vielleicht bereuen.» Die letzten Worte waren einfach so aus ihr herausgesprudelt. Ina erschrak. Wie konnte sie nur! Tante Marilène meldete sich wieder zu Wort, als wäre Ina kein Missgeschick passiert und erwiderte sanft: «Bereuen werde ich nichts mehr, denn dazu fehlt mir schlichtweg die Zeit. Aber ein klein wenig wehmütig wird es mich vielleicht schon stimmen. Doch eigentlich wäre es ganz gut … Wenn ich an all die schönen Erinnerungen denke! ... », schloss sie seufzend. Ihr Gesicht wirkte augenblicklich rosiger und wieder voller Leben. Sie bettete sich gemütlich zurecht und griff wieder nach dem Buch.

«Ina», richtete Tante Marilène zwei Tage später das Wort an ihre Nichte, «ich habe nachgedacht und bin zum Schluss gekommen, dass wir nicht nach Tunis reisen werden. Warum? Weil es mir vergönnt ist, jeden Tag und jede Nacht, also jederzeit, gedanklich in den Schatz voller schöner Erinnerungen an Tunis einzutauchen. Es ist nicht mehr wichtig. Eine Reise wäre unter meinen Voraussetzungen schlichtweg leichtsinnig, unrealistisch und dir gegenüber nicht zu verantworten. Lass uns bitte die restliche Zeit zusammen hier verbringen!»

Ina gab nach. Sie konnte Marilène verstehen und ihre Bedenken waren letztlich nicht von der Hand zu weisen. Sie bewunderte Tante Marilène insgeheim um deren Ruhe und Gelassenheit und vor allen Dingen um die Fähigkeit, mit ihrer Vergangenheit, mit all ihren Erinnerungen und Erfahrungen, eins geworden zu sein. Offenbar hatte sie geschickt auch das Ungereimte nach einem raffinierten, aber endlich stimmigen Muster, in ihre Lebenserzählung miteingewoben. Schatten trübten nicht das Licht. Im Gegenteil: sie verliehen dem Licht einen grösseren Streukegel und mehr Strahlkraft. Das Leben, in der Rückschau als Einheit erlebt, konnte so stets in Fluss bleiben. Ein Leben, das langsam zu Ende gehen würde; dem grossen Wasser zu, dem Ganzen entgegenfloss. Aufgehen würde im Nichts.

Doch Ina liess der Gedanke an die Erfüllung des zweiten Wunsches nicht ganz los. Gab es denn gar keine Alternative? Am übernächsten Tag beabsichtigte sie, Tante Marilène mit einem schmackhaften Mittagsessen zu überraschen. Sie wollte einen Gemüseeintopf mit Poulet, zusammen mit Couscous, servieren. Dieses Menü hatte sie während einer der Kochstunden mit Tante Marilène kennengelernt. Ina putzte Karotten, Broccoli, Peperoni, dazu auch einige grüne Bohnen. Sie war guter Dinge und summte die Melodie mit – im Radio lief Jazz. Anschliessend zerkleinerte sie das Gemüse, dünstete geschnittene Scheiben einer grossen Zwiebel, briet das Fleisch vorsichtig in einer anderen Casserole an und setzte am Schluss Wasser für das Getreide auf den Herd. Plötzlich flog ihr die Idee zu! Ihr neuer Plan, der, wenn das Glück mitspielte, aufgehen würde! Wenn das Meer unerreichbar für sie beide geworden war, warum nicht einfach mit Tante Marilène an den Neuenburgersee fahren? Dorthin, wo alles begonnen hatte! Wo sie ihren Driss – dem Fehltritt sei Dank – bei der Vollbremsung fast von seinem Rad geschmissen hätte. Nochmals den Ort wiedersehen und sich rückblickend den Moment in Erinnerung rufen, der sie damals sprichwörtlich in ein neues, gemeinsames Leben katapultiert hatte? Ina war begeistert von ihrem Einfall. Warum war sie nicht schon früher darauf gekommen!

Tante Marilène fasste ihren Einfall, wie Ina es nannte, überraschend gut auf, wenngleich sie sich dafür auch die Freiheit nahm, noch eine Nacht darüber zu schlafen. Am nächsten Tag – gleich nach dem Frühstück – orderte sie in einem etwas schneidigen Unterton an, dass Ina sich die

Nationale Notfallnummer schon vorsorglich ins Smartphone tippen könne und sich zudem über alle Spitäler der Stadt Neuenburg informieren solle. Das wäre schon das Mindeste, was Ina im Voraus tun könne, so ihr Kommentar. Das klang nach einem unmissverständlichen Befehl, aber auch nach einer Zustimmung für ihr Vorhaben. Ina nahm es gelassen: Sie kannte ihre Tante. Diese konnte, wenn sie es für nötig hielt, manchmal doch auch recht energisch auftreten.

Marilène lief zu dem runden Serviertischchen und griff sich ihr Telefon, wählte und verlangte bei der Sprechstundenhilfe nach ihrem Hausarzt. Das kurze Gespräch mit dem Arzt endete für alle zufriedenstellend. Das hiess: Ihr Vertrauensarzt musste der erwarteten Vorstellung der Tante entsprochen haben. Sie beendete das Telefonat mit einem spitzbübischen Lächeln, um gleich darauffolgend ohne Umschweife zu verkünden: «Ich wage es. Ina, wir fahren! Hol mir doch bitte den roten Koffer vom Schrank.»

Und schon nahm Ina Kurs Richtung Schlafzimmer. Das war nun endlich wieder typisch Tante Marilène, stellte Ina fest. Einfach unvergleichlich! Ein Stein fiel ihr vom Herzen.

Obwohl die Tante die Vorbereitungen zur Reise an den grossen See Schritt für Schritt anging – notgedrungen darauf bedacht, dabei ihre verbliebenen Kräfte zu bündeln, – waren die letzten Tage irgendwie aufreibend gewesen. Tante Marilène war meist in sich gekehrt und zeigte sich demensprechend wenig gesprächig. Es gab Augenblicke, in denen sie für Aussenstehende ziellos in der Wohnung herumtigerte. Einige Male hörte Ina sie gar vor sich her fluchen, die Gründe dafür waren meistens Lappalien, kaum der Rede wert. Sie kannte ihre Tante zwar schon immer als Frau, die das Wort auf der Zunge getragen hatte. So übellaunig und einsiedlerisch aber nicht. Es passte hinten und vorne nicht zu ihr. So kümmerte Ina sich um ihre eigenen Angelegenheiten: Sie telefonierte mit Sophia, die ihr bestätigte, dass alles bestens laufen würde. Und sie haute nicht zum ersten Mal für den doofen Ladenvermieter ein kurzes Beschwerdeschreiben in die Tasten, worin sie klarstellte, dass sie die letzten zwei Mieten doch längst bezahlt hätte und es anhand vorliegender Belege keinen Sinn ergäbe, seinerseits das Gegenteil zu behaupten. «Der wird sich nie ändern. Versucht es zur Abwechslung mal wieder mit seinen läppischen Tricks», hörte sie sich während des Einspruchsschreibens leise vor sich hin brummen. Verscheuchte aber den Gedanken an diesen Kerl gleich wieder. Anschliessend würde sie den Brief zur nächsten Poststelle bringen und per Einschreiben aufgeben. Früher hätte sie sich gedanklich da weiter hineingesteigert. Heute tat sie, was nötig war: sich ihr Recht nicht streitig machen lassen. Mehr nicht. Sie hatte Wichtigeres vor!

Die Reise konnte beginnen. Tante Marilène und Ina sassen endlich – eskortiert von Sack und Pack für die nächsten paar Tage – im Zug Richtung Biel, mit Ziel: die Stadt Neuenburg. Am Bahnhof würde sie ein Taxi ins gebuchte Hotel bringen. So viel hatte Ina für sie beide im Voraus organisiert. In Biel stiegen sie auf das gegenüberliegende Gleis um. Schon bald nach der Stadt passierte der Zug schmucke Dörfer, gelegen am Fusse des Wassers und umgeben von Weinbergen, die sich an sonnigen Hängen des Bielersees längszogen. Weiter führte die Fahrt zum nördlichen Ende des Neuenburgersees, wo sie danach dem nahen Ufer entlangglitten. Und bei jedem weiteren Blick über den grossen See, der sich glatt vor ihnen ausbreitete, als wäre er ein schlafender Wal, staunten sie über dessen wohltuende Weite. Ein paar Augenblicke darauf liessen sie sich, jetzt behaglich auf den Sitzen ruhend und vor sich hindösend, still jede für sich, von seinem Charme verzaubern und einnehmen. Einem Gefühl gleich, als würde eine geübte Hand nach gemeinsamem Tanz, behutsam einen weichen, wärmenden Mantel um ihre nackten Schultern legen.

«Gib mir doch bitte einmal die grüne Stofftasche vom Sitz», bat Marilène.

Ina langte nach den Stoffschlaufen und hievte die Tasche auf den gegenüberliegenden Sitz.

«Willst du auch ein Stück davon haben? Seltsam, dass ich schon wieder so ein Loch im Bauch habe!» «Kunststück, du hast ja nicht einmal deine Früh-stücksschnitte ganz aufgegessen, obwohl du mir befohlen hast, sie dir fertig zu bestreichen, mit richtiger Schweizer Butter und Quittengelee wohlverstanden und …», zog Ina sie lachend damit auf. Doch sie brach ihren komischen Vortrag mitten im Satz ab und beugte stattdessen ihren Oberkörper zum anderen Sitz vor. Danach griff sie mit der rechten Hand zielstrebig zwischen den grünen Stoff, schickte ihre Finger ertastend auf Wanderschaft und zog eine ganze Tafel, eingewickelt in lila-blasses Papier, wie eine Trophäe hervor. Sie riss das Papier und nachher das

Zellophan auf und hielt die Köstlichkeit mit folgendem Kommentar einladend unter die Nase der Älteren: «Hmm, wir würden die auch blind am Geschmack erkennen, stimmt's?»

«Eine Bessere gibt es für mich nicht!», verkündete die Dame und Inhaberin der Nase daraufhin. Und beide schoben sich gleich nicht zu knapp eine Kante oder auch zwei von der hochgelobten und zartschmelzenden Schokolade zwischen die Zähne.

«Jetzt könnte ich einen weiteren Kaffee vertragen», reklamierte die Tante hinterher. «Aber nun gibt's halt Wasser dazu!» Gesagt, getan und genehmigte sich, etwas hektisch in den Bewegungen, einen extra grossen Schluck aus der mitgebrachten Wasserflasche. «Wenigstens mit Kohlensäure versetzt!» Die positive Sichtweise hatte schnell wieder Oberhand gewonnen. Statt eines Kommentars liess Ina ein wohliges und herzhaftes Gähnen für sich sprechen. In wenigen Minuten würde sie sowieso das meiste Gepäck zusammenraffen, es zur Tür schaffen und im Anschluss daran auf den Gehsteig hinausbugsieren müssen. Dazu fehlte ihrer Tante nun endgültig die Kraft. Dass sie die anstehende Schlepperei deshalb jeweils für beide übernahm, stand ausserhalb jeder Frage. Ein kurzes Innehalten und aus dem Fenster schauen tut davor also ganz gut, dachte sich Ina.

Es ging alles reibungslos und flott: Das Taxi stand schon bereit und der Fahrer war sichtlich ausgeschlafen und dankenswerterweise mit Manieren gesegnet. Er liess sie ohne Eile einsteigen. Die alte Dame selbstverständlich vorne. Dazu bot er ihr seinen Arm an, wovon die Tante erkennbar gern Gebrauch machte. Als Ina nach der eigenen Wagentür fasste, sah sie im rechten Augenwinkel, wie sich ihre Tante an einem Dankeslächeln versuchte, was ihr jedoch misslang. Die Mimik wirkte seltsam verrutscht im Gesicht. Ina setzte sich hinter Marilène in den dunklen Fond des Wagens, machte es sich auf ihrem Platz bequem und sah zu, wie der Mann letztlich die zwei Koffer und die grüne Tasche zum Stauraum trug. Einen kurzen Moment später liess er die Kofferraumtür mit leichtem Schwung ins Schloss schnappen. Kurz beobachtete sie im Innenspiegel noch, wie eine eben eingefahrene S-Bahn gerade ihre Türen öffnete und Sekunden später Passagiere auf den Bahnsteig spülte. Kaum waren diese draussen angekommen, wurden sie vom herbstlichen Wind erfasst, dass sich offene Jacken blähten und Halstücher flatterten. Ihre Sitzfläche war etwas überheizt. Bei der ersten Kurve verlor sich der Bahnhof im Autoinnenspiegel. Sie wagte einen Blick: Die Tante sass, als wäre sie mit dem Sitz verwachsen, steif und aufrecht. Die Arme! Sie tat Ina leid. Aber was hätte sie auch dagegen tun können? Ganz sicher wollte sie die Tante mit einem persönlichen Ansprechen auf deren Befindlichkeit vor dem Fremden nicht in Verlegenheit bringen. Auf solche gutgemeinten Versuche hatte Tante Marilène in der Öffentlichkeit in der Vergangenheit meist empfindlich und kurzzeitig verärgert reagiert. Ihre Augen blieben noch ein, zwei Sekunden – wer weiss warum – auf dem geschnittenen Kurzhaar von Marilène ruhen. Seit Jahren derselbe Haarschnitt: Sie schwor auf Kurzbob. Haare färben? Fehlanzeige! Warum auch. Der Schnitt setzte das weisse glatte Haar bestens in Szene. Das musste die alte Dame schon früher gewusst haben. Der Wagen fuhr jetzt leise weiter den Hang hinunter und auf einem grossen Verkehrsschild, das so neu aussah, als wäre es eben gerade mit der Haltevorrichtung am Betonpfosten verschraubt worden, las Ina: «Toutes les directions». Ihr erster Tag nahe am See fing gut an: Die Tante hatte sich wieder gefangen. Sie frühstückten gemütlich zusammen mit

Ausblick in einen kleinen parkähnlichen Garten mit einigen Bänken zum Verweilen. Die Lehnen erinnerten in ihrer Art an feine, filigrane Blumenranken, doch die Sitzgelegenheit selbst war aus massivem Gusseisen, weiss gestrichen. Im Garten standen alte Laubbäume mit ausladendem Geäst und gefärbtem Blätterwerk. Auch verschiedene Sträucher. Die Blumen gepflanzt in grosszügige Beete. Die Letzteren waren durch erste Frostnächste im Herbst schon ihrer ursprünglichen Farben beraubt worden. Doch das schmälerte die Freude des Ausblicks in die Natur keineswegs. Die Blütenköpfe neigten sich hin und her. Ihre blassen Farben wirkten edel und schön. Das matte Sonnenlicht, von einem zügigen Wind begleitet, zauberte, zusammen mit seinen Verbündeten, den Blättern, stets neue Schattenbilder auf Kieswege, Rasen und Rabatten. Wobei einzelne Schattenbilder nacheinander aufleuchteten, kurz zitterten und wie nach geheimer Abfolge in gemeinsamem Tanz zueinander fanden. Als wären sie alle zusammen einzig ein grosser Scherenschnitt. Einerseits detailreich, anderseits einzigartig und vollendet in ihrer Ganzheit; ein Gesamtkunstwerk.

Diese Naturoase sollte in den kommenden Tagen oft Aufenthaltsort von Nichte und Tante werden. Zusammen besichtigten sie zwischendurch auch die Stadt. Die Innenstadt, mit ihren alten ehrwürdigen Stadthäusern, kleinen Avenuen und verwinkelten Plätzen und manchem Café in einer Seitenstrasse versteckt, wovon vieles davon französisches Flair ausstrahlte. Doch die Restaurants und die Geschäfte hatten sich in Marilènes Abwesenheit verändert. Die Stadt war nicht wiederzuerkennen. Sie kam ihr verfremdet vor, nichtssagend. Ganz aus ihrer Erinnerung und der Zeit von damals gefallen. Dem Herbstlicht hingegen konnte die Zeit nichts anhaben. Es trug immerfort die gleiche Leuchtkraft in sich, nie würde sie versiegen. Dieses Geheimnis, das sie hütete und mit dem sie alles umschloss und durchdrang, darin tunkte. Besonders hier am Fusse des grossen Sees, dahinter aufsteigend und dunkel der Jura. Diese eine Kraft, welche betörte, verführte.

«Tante Marilène», wandte sich Ina eines Nachmittags an sie. Sie sassen wieder zusammen auf jener Bank in der Oase, worüber die alte Trauerbuche schützend ihre mächtigen Äste ausbreitete. «Was ist dir wichtig? Was willst du mir noch sagen oder mit auf den Weg geben?»

Marilène lächelte sie kurz an, dann wurde ihr Gesichtsausdruck konzentriert: «Im Moment zählt nur der Augenblick: Dass wir einander zugewandt sind, das Miteinander. Es geniessen und einander zuhören. Es schätzen, dass sich ein Mensch ganz auf einen einlässt, zu erahnen und zu verstehen versuchen, was der andere sagt oder versucht, einem zu erklären. Auf dich und deine Zukunft bezogen, die ich mir weit, unverstellt und vielversprechend vorstelle, wünsche ich mir für dich, dass du dich ganz findest. Deine Persönlichkeit mit ihrem einzigartigen Wesen an Talenten und Schwächen weiterbringst, dich entwickelst. Das wird dir noch besser gelingen, wenn du dir Sorge trägst und dir selbst gebührend Platz im Gefüge des Lebens einräumst. Man darf sich gegenüber der Gesellschaft nicht zu gefügig zeigen, weisst du, sonst nimmt sie sich mehr, als ihr gehört. Ein Bettler muss wie ein Bettler daherkommen und ein Musiker wie ein Musiker aussehen. Wenn du als Musiker aber wie ein Bettler auftrittst, wird dich kaum jemand engagieren. Das sind Gesetzmässigkeiten. Schaff dir deine Identität auf den Grundmauern deiner Authentizität. Glaubwürdigkeit. Das ist es, was die Menschen interessiert», endete ihre Antwort.

Das Wetter war ihnen wohlgesinnt. Wenn immer es der Tante gesundheitlich möglich war, hielten sie sich draussen auf. Auch wenige Male am Ufer des Sees. Einzig gegen Ende des Aufenthalts war Marilène doch bereit, noch einmal im Restaurant am See, in das sie damals Driss in Begleitung ihrer Freundin geführt hatte, einzukehren. Dort liessen sie es sich gut gehen. Trotz herbstlicher Witterung löffelten sie dessen ungeachtet beide je eine grosse Schale voll Eis. Den Magen hatten sie schon im Voraus mit einem Cappuccino angewärmt.

«Der Wind kommt aus der exakt gleichen Richtung wie an jenem Abend mit Driss», stellte Marilène erstaunt fest. «Natürlich war es damals Sommer und schon beinahe stickig unter dem Sonnenschirm gewesen. Aber wir merkten es gar nicht. Wir bildeten eine solch gefühlte Einheit, als wären wir schon immer zusammen gewesen. Die Umwelt schien unwirklich, weit weg, und wir versanken ganz im Moment. Etwas ist damals mit uns passiert! Unsere Seelen sickerten auf tiefen Grund, wo sie ab dann immerfort in der Strömung zusammen synchron weitergeschwungen sind. Ein lebenslanger Tanz. Eine bleibende Verbindung, die bis zum heutigen Tag anhält. Solange ich bin, wird sie auch sein», schloss sie.

«Ist das wahre Liebe?», fragte Ina berührt.

«Vielleicht, Ina. Ich habe immer daran geglaubt, es gefühlt. *So* gefühlt. Aber auch Franciszek habe ich geliebt. Liebe ist immer wieder anders, neu. Menschen können jeweils verschieden und doch ganz lieben. Das ist das Schöne am Leben. Die Liebe ist ein Geheimnis und zugleich Offenbarung deiner selbst. Das Leben kann dir mild gestimmt sein, dann wirst du besonders beschenkt. Es schenkt dir mehrfach im Fortlauf deines Lebens einen Menschen, der sich dir anvertraut und dem du ebenso ganz vertrauen kannst. Das ist Glück! Und das durfte ich wirklich erleben», flüsterte sie und beugte sich mit dem Oberkörper kurz über die Tischplatte, als hätte sie so ihre Feststellung damit unterstreichen wollen. Langsam und gelöst glitt sie zurück in ihren Stuhl.

Einen Tag vor ihrer Reise zurück ans Rheinknie unternahmen sie eine Schifffahrt auf dem grossen See. Der Tag hatte ausgesprochen heiter und warm für einen Spätherbsttag begonnen. Das Wasser wogte ruhig. Die Wassermassen, die das Schiff vorne unaufhörlich zur Seite pflügte und am Rumpf rechts und links seitlich hochspringen liess, spiegelten ein verwaschenes Blau wider. Doch in der Ferne, Richtung Norden, begannen am Himmel Schleierwolken aufzuziehen. Sie würden das Himmelrund allmählich ganz verhüllen. Noch hatten sie nicht so dicht aufgeschlossen. Das Blau nicht durch einen schmutzig grauen Vorhang abgetrennt. Auch war noch kein Wind über dem See aufgekommen. Nur wenige Passagiere nutzten die letzte Möglichkeit, sich während der Fahrt im Freien aufzuhalten. Tante Marilène und Ina hingegen taten es. Sie sassen im Schutz des Windschattens des Hecks auf einer Sitzbank. Die Ältere mit einem leichten rot-pinkfarbenen Schal, die Jüngere mit einer lässigen Kappe in dunkelgrau bekleidet. Beide schwiegen und blickten auf das schäumende Nass. «Marilène, wie fühlst du dich? Worüber denkst du nach?»

Tante Marilène sah auf das bewegte Wasser hinaus und meinte: «Ich denke gerade, wie schön doch diese Fahrt über den ruhigen See ist. Wie fantastisch. Und schau dieser Ausblick auf das Fahrtwasser, das sich langsam wieder beruhigt. Einfach unbeschreiblich! Das alles geniesse ich mit jeder Faser, mein Liebes. Ich hätte mir nie erträumt, dass ich meine finale Schifffahrt einmal ausgerechnet auf diesem See erleben würde. Es dünkt mich gerade so, als entspräche das Schiff den Turbulenzen des Lebens. Das eigentliche Leben aber versinnbildlicht das aufgeschäumte Wasser. Und das geteilte Wasser gleicht dem Lebensende, das seinen individuellen Willen und seine eigene Kraft wieder verliert. Das vergeht, sich transformiert. Das wieder zurück in die grossen Wasser übergeht».

«Hast du Angst vor dem Sterben? Vor dem Tod?», wagte Ina die Frage, welche ihr länger schon schwer auf dem Herzen lag, zu stellen. Sie fühlte sich beim Gedanken daran nicht ganz wohl. Aber sie musste die Tante danach fragen. Musste es von ihr für sich selbst wissen. Ina selbst hatte vor allen Dingen vor dem Sterben Angst.

«Als junger Mensch spielte der Tod sich ausserhalb meines Lebens ab», begann Marilène zu erzählen. «Er war weit weg, eine abstrakte Grösse. Ich habe mich nicht mit dem Sterben und dem Lebensende beschäftigt. Ich wollte leben! Nachdem Driss so plötzlich gestorben war, begann ich zu verstehen, dass jeder Tag auch dein Letzter sein könnte. Der Tod war über Nacht gewaltsam und grausam in mein Leben eingedrungen. Längere Zeit überschattete er mein Fühlen und Sein. Dann schloss ich

mit mir einen wegweisenden Pakt: Ich wollte weiter-
leben, halt ohne Driss, anders, aber wieder leben! Heute
bin ich sterbenskrank. Ich werde dem Ruf des Todes
folgen, mich ihm weder widersetzen noch entziehen. Es
wäre auch sinnlos. Unser Leben bleibt endlich. Alle
müssen wir sterben. Auch für mich wird bald der
Augenblick kommen, an dem ich meinen letzten
Atemzug aushauchen werde. Ich hatte ein gutes Leben.
Ich habe geliebt. Daran richte ich mich aus. Das hat
Gewicht und Wert! Ich habe den Tod akzeptiert. Vor dem
Sterben habe ich keine Angst. Ich bin jetzt bereit, diese
letzte Herausforderung anzunehmen. Du wirst sehen: Es
wird recht leicht gehen. Hab keine Angst ...», wobei sie
die letzten beiden Sätze zur Nichte eher flüsterte als
sprach.

Nachfolgend legte die Tante liebevoll ihren Arm um die
Schulter ihrer Nichte. Diese schmiegte sich, den Kopf an
deren Hals gebettet, eng an sie. Dann fasste Ina nach der
Hand von Tante Marilène, drückte sie, ohne sie wieder
loszulassen. Auch das Schiff hatte zurück zum Hafen
gefunden.

Tags darauf blies ein stürmischer Wind, es regnete ohne Unterlass. Kalt war es geworden. Die Stadt schien, als wäre sie über Nacht in sich gegangen und wirkte jetzt abwesend. Sie verfolgte offensichtlich ihre eigenen Ziele. Kein geheimnisvolles Licht lag mehr über den Dächern ihrer Häuser am Hang. Es war die Zeit gekommen: zur Rückkehr.

Nach der Rückkehr von der Stadt am See zurück in die Wohnung nahe am Rhein, ging es der Tante bald schlechter. Sie war öfters als früher erschöpft. Deshalb lagerte sie manchmal den halben Tag über ruhend auf ihrem Bett, das Schlafzimmer im Dämmerlicht, das Tageslicht ausgesperrt. Ina umsorgte ihre Tante Marilène rührend: Sie brachte ihr morgens und nachmittags stets Tee mit leichtem Knabbergebäck. Mittags bereitete sie eines der Rezepte zu, die sie in den letzten Wochen kennengelernt hatte oder Eigenes, wovon sie wusste, dass es beide gerne mochten. Marilène schätzte Inas Dasein sehr und dass sie nebenher zum Rechten schaute. Ina war das Leben, sie trug es in sich weiter. Die Nichte gestaltete ihrer beider Alltag, weil Tante Marilènes Kraft immer mehr dahinschwand. Marilène nahm zwar täglich eine winzige Portion der gekochten Speisen zu sich, wenngleich nur mühsam. Ina glaubte insgeheim, dass sie nur ihr zuliebe davon ass. Die Tante brachte nämlich immer weniger hinunter. Ihr Hals schien verknotet zu sein. Es war Zeit für Marilènes dritter Wunsch: das Fest.

Eines Morgens sagte Ina zu Marilène: «Heute Nachmittag sitze ich an den Tisch und beginne dein Fest vorzubereiten.»

«Oh, das ist eine gute Idee, Ina.» Die Tante sass mit ihr am Esstisch und war gerade im Begriff, die ersten Seiten der Tageszeitung aufzuschlagen. Dann schaute sie Ina für eine lange Sekunde unverwandt in die Augen und fuhr schliesslich fort: «Zögere nicht damit. Du wirst das schon richtig bewerkstelligen, Ina. Ich habe keine Zweifel. Ich freue mich auf mein Fest!»

So setzte sich Ina ein paar Stunden später erneut an denselben Tisch, begann mit der Gestaltung, dem genaueren Ablauf und mit der konkreten Organisation des Festes.

Ein paar Tage später stellte sie nicht wenig stolz fest: Gut hatte bis dato alles geklappt! Die Organisation war problemlos verlaufen, die Gäste alle eingeladen und keiner hatte abgesagt. Alles schien sich soweit mühelos ineinanderzufügen. Gerade so, als hätte es nicht anders kommen können. In wenigen Tagen würde der Tag da sein, an dem das Fest tatsächlich stattfinden würde.

Ina hatte mit Franciszek die paar Tische festlich geschmückt und fertig hergerichtet. So standen nun crèmefarbene Rosen in farbenfrohen Muranovasen auf den Tischen, die passenden Namenskärtchen für die Gäste waren alle ebenfalls schon bei den Gedecken platziert. Der Blick der Festtagsgesellschaft würde durch die Fenster hinaus auf den Rhein führen, so wie von Marilène gewünscht. Der Raum des Restaurants war von angenehmer Grösse, aber ein Saal war es nicht. In einer halben Stunde schon würden Tante Marilène und die Gäste eintreffen.

Inas Herz schlug ihr bis zum Halse. Ein seltsamer Moment. Sie spürte kaum Nervosität, aber umso mehr Erwartungsfreude. Sie hatte ihre inneren Zügel einfach losgelassen, plötzlich loslassen können. Darüber staunte sie selbst.

Tante Marilène stand in einem wunderschönen, dunkel- roten Kleid mit einem weissen Seidenschal um den Hals vor ihren Freunden. Ihr Haar war frisch frisiert, sie war

aufs Beste, doch dezent, geschminkt, und eine fremd-
ländisch wirkende, auffällige Silberhalskette, die Ina
noch nie an ihr gesehen hatte, zierte ihren schmal-
gewordenen Hals. Eine alte Dame, zerbrechlich wirkend,
jedoch waren ihre braunen Augen erstaunlich wach und
ausdrucksstark. Sie schien mit ihnen alles zu sehen und
gleichzeitig jeden einzelnen Gast aufmerksam und wohl-
wollend anzuschauen.

«Meine lieben Gäste!», begann Marilène, ihr Wort an alle
Geladenen zu richten. «Es ist mir eine unglaublich grosse
Freude, dass ihr alle gekommen seid, um mit mir
zusammen *das Fest des Lebens*, so betrachte und nenne
ich es, zu begehen. Wir werden das Leben heute bewusst
und nochmal mit Begeisterung, Hingabe und Dank-
barkeit feiern. Es ist wundervoll, dass ich das mit euch
allen zusammen erleben darf. So stossen wir in diesem
Augenblick auf das Leben an, auf gemeinsam verbrachte
Erlebnisse und auf frohe und fröhliche Stunden im Hier
und im Jetzt! Geniesst es. Auf uns alle!», schloss
Marilène ihre Rede und setzte sich auf ihren gut ge-
polsterten Stuhl zurück.

Ihr Platz war in der Mitte des Tisches, umringt von all
ihren Freunden, die an weiteren Tischen Platz genommen

hatten. Neben Tante Marilène sass Ina zu ihrer Rechten, zur Linken natürlich Franciszek. Dann kam ihre langjährige Freundin Britta, die in Holstein in den Siebzigern eine Farm mit Lamas aufgebaut und geführt hatte und mit über sechzig immer noch keine Lust hatte stillzusitzen. Rechts von Britta sass die ehemalige Nachbarin, Frau Ilse Bogenschütz, und anschliessend Tantes langjähriger Hausarzt. Franciszeks Tischnachbarinnen und der alte Herr kannten sich schon viele Jahre. Cleo und Jeannette waren Freundinnen aus Marilènes Zeit der Griechenlandaufenthalte. Beide durchaus unterhaltsam, witzig und füllig. Vielleicht etwas gar gut ausgestattet an Tuch um Leib und Haupt. Gewählte Frisur: «Kreation ausladendes Vogelnest». An deren Seite schloss ein älterer Herr mit gefärbtem Haar und Pferdeschwanz im Nacken namens Achilles an. Ina bekam im Verlauf des Festes mit, dass er, ein alter Studienfreund, sich später für parapsychologische Phänomene zu interessieren begonnen hatte. Auf dem Spezialgebiet – ein schmaler Grat – hatte er sich später gar einen Namen internationalen Rangs geschaffen.

Die Gäste erhoben feierlich ihr Glas. Zuerst einen Herzschlag lang und erst zögerlich verhalten, dann aber immer enthusiastischer riefen sie: «Auf Marilène!» Danach prostete man auch den Tischnachbarn zu und es wurde an einigen Tischen kurz geklatscht. Manch einer wischte sich das aufkommende Augenwasser dabei verstohlen aus den Augenwinkeln und neben einander sitzende Bekannte drückten spontan des Anderen Arm. Die Stimmung hob zum ersten Höhenflug an.

Wenig später schon wurden köstlich duftende Speisen aufgetragen, Wein nachgeschenkt, aus Karaffen Wasser gereicht.

«Lasst es euch weiterhin munden, meine Lieben», rief Marilène, nach feinem Süppchen und anschliessendem Knacksalat, abermals in die festliche Runde. «Nachfolgend lasse ich euch Kartoffelstock, Rindsbraten ‹sur une sauce au romarin›, garniert mit Gemüse, mein Klassiker aus hiesigen Breitengraden, servieren, anderseits war ich neugierig auf neue Gaumenfreuden. So werdet ihr also weiter in den Genuss eines deftigen Fischgerichts mit Schalotten und Zwiebeln kommen. Ein Gericht aus dem Süden, für Wagemutige … und zur Erhaltung eines langen Lebens!», und da schmunzelte sie breit.

«Das ist unsere Marilène! Genauso, wie wir sie kennen und lieben», rief Franciszek, sich ereifernd, sein Ausruf von ausladender Gestik begleitet, über die Tischgesellschaft hinweg.

«Und dein Temperament und deine Herzlichkeit, lieber Franciszek, liebte ich schon immer sehr», entgegnete Marilène aufgeregt.

Der alte Mann konnte gar nicht mehr an sich halten und so rief er ein weiteres Mal: «Noch einmal ein Prosit auf dich, Marilène, meine Unvergessliche!» Und dann feierlich, gar besinnlich: «Und wir danken dir für das heutige Beisammensein. Einfach wunderschön!», schloss er und dabei lächelte er, die Stimme währenddessen schwankte leicht und selbst die Enden seines Seehundschnauzers schienen schlagartig nach unten zu zeigen.

«Ja, auf dich, meine liebe Tante Marilène!», verstand Ina die Stimmung wieder aufzufangen und in ruhig-heitere Gewässer zurückzuführen. «Ich möchte dir für all deine Liebe und Fürsorge von Herzen danken. Ich danke dir auch für das Wissen um vielerlei Dinge, die du mich gelehrt hast. Das Wissen, das dir wichtig war, es auch an die nächste Generation weiterzugeben – also an mich, deine Nichte. In all den vergangenen Jahren, welche ich seit meiner Kindheit erblicken vermag, warst du für mich eine wichtige Bezugsperson, mir eine grosse Stütze; Leuchtturm und Hoffnungsspenderin in dunklen Zeiten … Ganz herzlich möchte ich dir aber für die Zeit in Basel danken, wo wir die letzten Wochen gemeinsam verbracht haben. Das war das schönste Geschenk!»

So ging der Abend noch mit mancher heiteren und auch besinnlichen Einlage von weiteren Personen und Menschen, die Marilène nahestanden, weiter.

Das Dessert war ein reichhaltiges Buffet, das keine Wünsche offenliess: Zartestes Mousse au Chocolat in verschiedenen Variationen, erfrischender, exotischer Fruchtsalat «et en relation» – man denke an den vorab aufgetischten Braten! –, Crème brûlée. Und zum Nachtisch hatte sich auch eine grosse, runde Quarkcrèmetorte dazugesellt. Ina hatte diese, ohne Marilènes Wissen, nach einem Familienrezept zubereitet. Tante Marilène erkannte die Torte sofort und genehmigte sich mit Freuden überraschend ein gewaltiges Stück davon. Ina staunte und verwunderte sich darüber, wie ihr bemerkenswerter

Appetit offenbar exakt zu diesem Tag wieder zurückgekehrt war!

Ausserdem erschienen nach dem Hauptgang drei Musiker, die sich als Griechen ausgaben. Ina hiess sie hereinkommen und stellte sie namentlich, zusammen mit ihrem jeweiligen Instrument, vor. Sie meinte dazu selbstsicher und nicht ohne Schmiss, dass zu jedem Fest auch Musik und Tanz gehöre. Marilène habe früher ja stets Sinn und Ausdauer für Tänze aller Art gepflegt, so Ina weiter. Besonders in ihren früheren Jahren habe sie deshalb das einfache, unverfälschte Leben auf griechischen Inseln gesucht und ausprobiert – und, wie viele ihrer Freunde, damals auch vorübergehend gefunden. So wurde also eifrig zu griechischen Weisen in der grossen Gruppe oder auch in kleinen Reigen sich der Drehungen wieder erinnert, altbekannte Schritte getanzt, gelacht und – wenn ausser Puste gekommen – am Platz weitergeschunkelt und geklatscht. Auch die Tante schien es zu geniessen. Tanzte kurz sogar ab und zu mit. Dabei wirkte sie für ein paar Sekunden lang wieder wie ein junges, übermütiges Mädchen. Ina blickte gebannt auf dieses Gesicht, das in diesem Moment dem Jungbrunnen entstiegen zu sein schien.

Die Musik fand bei den Gästen grossen Anklang. Tante Marilène war von der Idee und den Künstlern begeistert. Der Anlass war insgesamt ein «bewegendes Fest der Begegnung» mit menschlichem Tiefgang geworden. Und wie die Musiker zu ihrem einzigartigen Engagement gekommen waren, blieb Inas Geheimnis.

Teil 4

Seit Tante Marilènes Tod waren einundzwanzig Tage und Nächte und eine Nacht dazu vergangen. Ina schien es einerseits, als wäre es erst gestern gewesen, anderseits kam es ihr unwirklich lange vor. Und immer, wenn sie sich wieder im Gefühlsmodus der letzteren Feststellung befand, wollte sich in ihrem Herzen ein schlechtes Gewissen einnisten. Ein solches Gefühl duldete sie nicht, weil es falsch war. Die Zerrissenheit zwischen Trauer, Wut und Niedergeschlagenheit galt bei den Zurück-bleibenden als normal, ein bekanntes Phänomen, wie sie wusste. Dennoch kämpfte sie jedes Mal dagegen an. Insgeheim versuchte Ina sich gut zuzureden, indem sie sich sagte, die Zeit würde helfen, neue Zuversicht zu schöpfen. Sie musste nach vorne schauen! Sie war sich und also dem eigenen Leben verpflichtet. So, wie sie es sich kürzlich fest vorgenommen und auch Marilène vor ihrem Tod noch einmal versprochen hatte. Dass der Schmerz trotzdem so heftig aus ihrem Innersten hervor-brechen würde, damit hatte sie nicht gerechnet. Es gab Stunden, da erfassten plötzlich ein schmerzendes Ziehen und eine Unruhe gleichzeitig ihr Herz. Dann war sie leicht reizbar. Andererseits fühlte sich ihr Herz an, als wäre es ein grosser Klumpen. Schwer lag es dann unter den Rippen und nahm ihr den Atem und den Schwung. Das ist also Trauerbewältigung, ihr Schmerz, ihr Verlust, seufzte sie jeweils in solchen Momenten still für sich.

Gleichwohl der letzten gemeinsam verbrachten Zeit, konnte es Ina immer noch nicht gänzlich glauben, dass sie und Tante Marilène sich nie mehr wiedersehen würden. Zusammen keine vertrauten Gespräche mehr führen, nicht einmal kurz streiten würden. Lachen und spassen, das hatte gepasst, und schon immer hatte der Humor zwischen ihnen gespielt. Im Besonderen hatte sich die Tante darauf verstanden, und wie! Und auf einmal spürte Ina ihre geliebte Tante Marilène wieder ganz nah bei sich. Ina hielt augenblicklich inne, denn sie meinte, gleich deren Stimme vernehmen zu können. Und schön singen hatte Marilène früher auch gekonnt. Wie viele Male hatte sie sie doch als Kind in einen gesegneten Schlaf gesungen? Ihre Stimme würde nie in ihr verklingen! Dass wusste sie heute so sicher, wie noch nie.

Morgen würde Ina Franciszek das erste Mal wieder treffen. Er würde die Urne mit der Asche von Tante Marilène mitbringen. So hatte die Tante es ihnen beiden aufgetragen. Gemeinsam wollten sie sich dann in einem

Ritual von ihr verabschieden. Auch das war Marilènes Wunsch gewesen. Denn was beim letzten Besuch von Franciszek bei seiner früheren Liebe anfänglich als unmögliche Idee dahergekommen war, war von der Tante geplant und todernst gemeint gewesen. Und so unmöglich und unzumutbar war es gar nicht gewesen, nur ungewohnt, stellte Ina fest. Tante Marilène hatte das Ganze geschickt eingefädelt. Ina erinnerte sich noch bestens daran zurück, als die Tante an diesem Nachmittag ganz unvermittelt das Wort an Franciszek und sie gerichtet hatte, ihre Stimme hatte dabei leicht gescheppert, und mit: «Ihr Lieben…», begonnen.

«Ihr Lieben», hatte sie also noch einmal wiederholt. «Ich möchte nebst schönen Erinnerungen aus früheren Zeiten meines Lebens», und da schaute sie Franciszek und Ina nacheinander bedeutungsschwanger in die Augen, «in eurem Beisammensein doch auch an meine finale Zukunft denken.»

Franciszek versuchte, das Ganze mit einer halbherzigen Handbewegung abzuwiegeln, zwar eher kraftlos und so absehbar ohne Erfolg. Danach durchfuhr plötzlich ein Stoss seinen Oberkörper und er beschwichtige: «Nicht doch, nicht doch, meine Liebe, muss das wirklich sein? Und gerade jetzt?»

«Wann denn sonst? Etwa an meinem Fest?», gab die Tante prompt und herausfordernd dagegen. Sie war dabei etwas lauter geworden als beabsichtigt. In ihrer Stimme lag auch leichte Enttäuschung.

Dann beugte sie sich noch ein kleines Stückchen weiter zum Salontisch vor, langsam wie in Zeitlupe, so schien es, doch mit maximaler Körperspannung, und fragte leise: «Franciszek, ich möchte dich fragen: Stirbst du oder ich?»

«Marilène, natürlich bin ich bereit, mit dir über alles zu reden und alles zu besprechen. Ich meinte ja nur … Jetzt, wo es gerade so schön ist!», versuchte Franciszek die Wogen noch zu glätten.

«Eben gerade deshalb!», konterte sie pfeilschnell. Schon versöhnlicher im Ton stellte sie nachfolgend fest: «Ich denke einerseits, dass es niemals *den* richtigen Zeitpunkt gibt. Insbesondere für die, die nicht demnächst sterben müssen. Und andersseits fällt es denen auch nicht leichter, darüber zu reden, die bald gehen müssen. Mir persönlich ist es wichtig geworden, weil ich erkannt habe, dass es auch für euch nicht unwesentlich ist. Ihr seid die zwei Menschen, denen ich vertraue, und denen ich mich letztlich anvertrauen möchte. Also meine sterblichen Überreste!»

Ina spürte bei den letzten Worten ihrer Tante, wie Wasser aus ihrer Mitte des Körpers, gleich wie aus einem tiefen Brunnen, heraufdrängte, ja richtig heraufquellte! Das Wasser drohte bald ihre Augenlidränder zu über-schiessen. Ihre Wimpern wurden schon leicht feucht. Sie schluckte den Speichel, der ihre Mundhöhle ausfüllte, hörbar herunter und sprach mutig, wie sie es von sich gar nicht kannte: «Wie hast du dir das alles denn vorgestellt, Marilène?»

Tante Marilène drehte sich überrascht zu ihr um, als hätte sie die Frage eher vom Älteren erwartet. Und ihr Blick wurde weich, als sie zu sprechen begann: «Ich möchte erstens, wie schon früher ausdrücklich erwähnt, keine lebensverlängernden Massnahmen. Dazu ist alles zu-sammen mit meinem Hausarzt abgesprochen und vor-bereitet worden. Ina, du weisst Bescheid!

Zweitens möchte ich, dass du, Franciszek, die Urne mit der Asche zu dir nimmst.

Drittens ist es mir ein Herzenswunsch, dass ihr, was von mir noch übrigbleiben wird, dem Wasser übergeben werdet.» Sie stockte kurzzeitig und fasste sich dann wieder, um gleich mit den Worten zu enden: «Ihr geht also zum Ufer des Rheins … Das Rheinwasser fliesst ja bekanntlich ins Meer», so fügte sie noch an. Dabei umspielte ein kaum merkliches Lächeln ihre Mundwinkel.

Stille breitete sich aus. Eine Stille, die aber keineswegs bedrückend wirkte, eher licht, aussichtsreich. Bedeutungsvoll. Ina wunderte das. Sie war erleichtert und dankbar. Irgendwo im Innern fühlte sie, dass das, was gerade geschehen war und geschah, gut und richtig war.

Sie mochte sich nicht mehr genau daran erinnern, wie sie sich plötzlich alle drei gegenüberstanden waren, sich angesehen hatten, während ihre Körper einen Kreis gebildet hatten. Und da hatte sie auch schon einen sachten Händedruck bemerkt, zuerst rechts und dann links.

Inas Gedanken kehrten wieder in die Gegenwart zurück. Die Innenflächen ihrer Hände schwitzten leicht. Sie war aufgeregt. Heute war der Tag gekommen, an dem sie sich von Tante Marilène endgültig verabschieden würde.

In besonderer Weise. Sie war deshalb vor ein paar Tagen noch einmal nach Basel gefahren, um mit Franciszek zusammen die passende Stelle zu finden. Sie fanden schliesslich einen schönen Platz mit Haselsträuchern, welche den Flussweg säumten. Oberhalb des Weges spendeten alte Platanen mit ihren mächtigen, grau-weiss melierten Stämmen genügend Sichtschutz vor neugierigen Passanten. Sie wollten während des Abschieds von Marilène ungestört sein. Dazu boten ihnen die Bäume sicheren Schutz und vielleicht auch tröstendes Geleit.

Franciszek war pünktlich. Er trug sogar einen Hut. Er war in einen dunkelblauen Anzug gekleidet, um den Hals einen auberginefarbenen Wollschal geschlagen. Seine ganze Erscheinung wirkte auf diese Weise ausnehmend elegant. Auch Ina trug ein schönes, dunkelgrünes Kleid und darüber einen dunkelbraunen, leichten Wintermantel. Ihre Füsse wurden von braunen Stiefeletten mit Absätzen warmgehalten.

Als Franciszek sie sah, lächelte er. Doch wirkte sein Gang heute ganz anders: Keine beschwingten Schritte, wie es gewöhnlich seiner Gangart entsprach, sondern solche, als trüge er schweres Schuhwerk an den Füssen. Sie liefen aufeinander zu und als sie sich gegenüberstanden, begrüssten sie sich freundschaftlich mit einer kurzen, herzlichen Umarmung.

Franciszek eröffnete das Gespräch als erster, indem er leise fragte: «Wie geht es dir, Ina? Wie fühlst du dich in diesem Moment?»

Ina war überrascht über die Direktheit und Natürlichkeit. Es berührte sie und löste ihre Zunge wie von selbst, die trocken wie Dörrobst an ihrem Gaumen klebte.

Sie lächelte und meinte: «Es geht so.» Und ein, zwei Sekunden später schob sie nach: «Irgendwie eigenartig. Innerlich fühle ich mich auf einmal so ruhig. Ich kann es mir gar nicht richtig erklären! Aber heute ist ja auch ein ganz besonderer Tag», schloss sie. Dann zögerte sie einen Augenblick, bevor sie fragte: «Und du, Franciszek, sag, wie fühlst du dich?»

«Nun ja, auch nicht gerade grossartig», gab er ihr gegenüber offen zu. «So etwas habe ich noch nie erlebt. Aber es wird schon, wenn wir es gemeinsam vollbringen. So, wie es sich unsere liebe Marilène, gewünscht hat!», waren seine abschliessenden Worte.

Sie gingen nun gemeinsam ein paar Schritte weiter dem Weg, nahe dem Flusslauf, entlang.

«Wir sind gleich da!», meinte Ina und zeigte mit dem rechten Zeigefinger zur nächsten Flussbiegung, obwohl sie es beide wussten. Franciszek nickte und drückte, statt zu antworten, sachte ihren Oberarm. Die letzten wenigen Schritte liefen sie schweigend, jeder in seine eigenen Gedanken versunken.

«Nun ist der Augenblick für uns alle drei gekommen», nahm der alte Mann den Faden wieder auf. «Bist du bereit für das denkwürdige Ritual?»

Ina stimmte ihm deutlich und gefasst mit den Worten zu: «Ja, ich bin bereit! Bist du es auch?»

Franciszek nahm statt einer Erwiderung still die Urne seiner ehemaligen Liebe, die er das letzte Mal auf Händen getragen hatte, vor seine Brust. Es war eine schlichte Urne. Sie erinnerte Ina gar an eine tönerne Vase, verschönert und vollendet durch das Motiv von rustikalen Rebenranken, wie sie sie bei Tante Marilène in der Wohnung gesehen hatte.

Beide drehten sich nun zum Rand der Uferböschung und blickten auf den Fluss. Dann schaute Franciszek Ina an und sie schlug die Augen kurz nieder, um sie rasch darauf wieder zu öffnen. Also hob er den tönernen Deckel behutsam vom Gefäss.

Ina machte lautlos einen Schritt auf das Gefäss zu und hielt ihm die Handflächen hin, jetzt selbst zu einem Gefäss geformt. Dann sah sie zu, wie sich die Asche mit einem leisen Rieseln in ihre Handhöhle ergoss. Die Asche fühlte sich sehr fein an und wärmer als ihre Hände. Dann trat Ina damit zur Böschung und näherte sich mit einigen Schritten dem Wasser. Am Ufer des Flusses öffnete sie ihre Hände, hielt sie etwas in die Höhe, als würde sie einer Taube zum Auffliegen verhelfen. Dabei betrachtete sie, wie ein leichter Windstoss die Asche mit sich trug. Ina verspürte ein namenloses Glücksgefühl. Und Dankbarkeit.

Franciszek tat es ihr gleich. Und als er ihr sein Gesicht zuwandte, zuckte einer seiner Mundwinkel, als stünde er unter Strom. Dann schauten sie sich an, suchten nach der Hand des anderen und sprachen laut zusammen die Worte vor sich her:

«Liebe Marilène», begannen sie. «Wir danken dir herzlich für deine Freundschaft und Liebe. Du bist und bleibst für uns unvergesslich! Wir wünschen dir jetzt eine gute, letzte Reise.»

Sie schwiegen. Es war still. Und es dünkte sie, als hätte ihnen die Ewigkeit so des denkwürdigen Augenblicks gedenkt. Nur in der Ferne hörte man leise ein Schiffshorn erklingen.

«Vielleicht ein Frachter Richtung Holland, nach Rotterdam», raunte Franciszek. Und dabei zwinkerte er Ina zu.

Sie lächelte, und erwiderte: «Vielleicht!» und zwinkerte zurück.

Teil 5

Es ist kalt, Ina friert. Sie angelt sich die Handschuhe aus dem Aussenfach der Tasche, wo sie sie heute Morgen vorsorglich hineingestopft hat. Gefolgt auf den zunehmend schwächelnden Westwind von heute früh, kehrt der Nordwind nun kaltschnäuzig durch jeden Winkel. Dank ihm lichten sich die dusteren Wolken. Als hätte jemand genau in diesem Moment eine graumelierte Bettdecke zurückgeschlagen. Auf grau folgt blau. Ina freut's! Jetzt den Abgang hinunter. Den will sie auf der Rolltreppe passieren. Als ob sie sich in den weiteren Tag tragen liesse. Ihr huscht bei diesem Einfall ein leises Lächeln über das Gesicht. Als sie später neben dem Zug steht und eben den Fuss auf das unterste Trittbrett setzen will, dreht sie unmittelbar den Kopf nach rechts, zum Ende des Zugs. Irgendetwas muss ihre Aufmerksamkeit auf sich gezogen haben! Da sieht sie ihn: die gleiche Erscheinung, der edle Kleiderstil, dieselbe Haltung. Der Mann, der in ihrem Blickfeld zwei Wagenlängen rechts von ihr geht und sich so von ihr wegbewegt, kann nur der nette Mensch und eloquente Arzt von damals sein. Überrascht über das plötzliche Wiedersehen, hebt Ina leicht ihre Hand, wie zum Gruss, und in Gedanken schickt sie dem Herzchirurgen gute Wünsche hinterher. Dabei rutscht ihr die Handtasche von der Schulter. Ruhig setzt sie diese wieder an ihren Platz zurück. Der Kaffeebecher dampft warm in der anderen Hand, das spürt sie durch die schützenden Maschen hindurch. Sie zieht beide Handschuhe aus und verstaut sie. Entschlossen fasst sie im nächsten Augenblick mit der freien Hand nach dem Haltegriff und platziert jetzt den Fuss bestimmt aufs Trittbrett. Kraft, augenblicklich übertragen in Schwung, erfasst ihren ganzen Körper. Ina steigt in den Zug.

Epilog

Das Leben scheint den Lauf zu kennen. Der Mensch nicht. Es folgt weder Gutem noch Schlechtem. Eine Regel gibt es nicht zu erkennen.

Wir hingegen glauben, das Leben habe allein dem Guten zu folgen. Besonders unser eigenes Leben stünde doch sicher unter einem glücklichen Stern. Hauptsächlich dann, wenn wir ihn nie verraten noch vergessen würden. Uns während unseres Lebens dem Leben also nie in den Weg stellen. So glauben, so hoffen wir. Ein Leben lang.

Das Leben lädt uns ein auf unseren einzigartigen und zeitbegrenzten Weg. Währenddessen die Zeit gleichlaufend, weder krumm noch einen Bogen schlagend, weiter ins Endlose voranschreitet. Wir mittendrin oder hinterher? Weil die Zeit anmutet, als würde sie unser Leben

vor sich hertreiben wie Blätter über die Erde: über
unendliche Weiten und wandernde Dünen, über ab-
gemarkte Äcker oder eingezäuntes, saftiges Grasland.
Vor allem aber über weite, ewige Wasser, worin das
Leben vorerst an der Oberfläche schwimmt, dann in die
Tiefe schlingert, um schliesslich abzusinken. Taktet unser
Leben in weniger gute und gute Abschnitte. Mögen die
Herausforderungen auch von aussen oder von innen
kommen. Wir machen das, wovon wir glauben, dass es in
unserer Wirkungskraft steht. Nicht mehr und nicht
weniger, so reden wir es uns, im falschen Glauben daran,
ein. Wozu wir wirklich fähig sind - wenn das eigene
Leben für uns wahren Wert hat -, zeigt sich erst in den
luminösen Vorstellungen, gelegen noch ausserhalb unseres
Horizonts. Begleitet von einer Handvoll Glück da
und dort und dann und wann, wenn wir denn im Stande

sind, es für uns zu erhaschen oder als dieses Gefühl des Augenblicks zu erkennen vermögen.

Danksagung

Ich danke herzlich: **Mladen Jandrlic** für seine prägende Fach- und Kunstvermittlung an der SAL. Sein inneres «Feu sacré» für die Literatur hat mich beeindruckt. **Michèle Minelli** für ihre fachkundige und menschliche Begleitung während des Schreibens. Es war eine grossartige Erfahrung! **Iris Pfammatter** für ihr exaktes und einfühlsames Lektorat. **Dem Verlag** für die Verlegung des Buches. **Antoinette** und **Elisabeth** für die wertvollen Informationen und die Unterstützung. **Luca** für sein Interesse und sein kritisches Lesen.

Caroline Prato

Geboren 1967 und aufgewachsen im Kanton Luzern. Seit 1988 lebt sie in Bern. Sie erlernte ursprünglich den Beruf der Sortimentsbuchhändlerin. Später folgte die Ausbildung zur Aktivierungsfachfrau an der Höheren Fachschule medi/Zentrum für medizinische Bildung in Bern. Sie studierte Angewandte Gerontologie an der Berner Fachhochschule und besuchte an der Schule für angewandte Linguistik SAL, Zürich, Literarisches Schreiben. «Die Reise und das Ende des Seins» ist ihr Debutroman.